아 무 도
몰 랐 던
이 야 기

아무도

폭력 피해 이주여성들의 생존 분투기

몰랐던

이야기

한국이주여성인권센터 엮음

오월의봄

차례

2부 | 현장에서 뛰는 이주여성들

3부 | 그것이 우리의 이야기

쉼터, 새 삶을 기획하는 공간

허오영숙 | 한국이주여성인권센터 상임대표

오랫동안 가정폭력은 한국 사회에서 폭력으로 인식되지 않았다. '북어와 여자는 3일에 한 번 패야 한다'는 말이 속담처럼 인정되는 사회에서 여성에 대한 폭력은 가시화되기 어렵다. 가정폭력을 피한 여성들을 보호하는 일도 여성들이 스스로 노력해서 시작되었다. 1987년에 여성운동단체인 한국여성의전화에서 폭력 피해 여성을 보호하는 공간을 마련하면서 명명한 '쉼터'가 이제는 고유명사가 되었다.

　이주여성쉼터는 선주민(한국인) 여성폭력 피해 쉼터의 경험을 공유하면서 이주여성의 특성까지 반영해서 만들어진 이주여성 보호시설이다. 한국이주여성인권센터의 전신인 여성이주노동자의 집은 2001년에 만들어진 한국 최초의 이주여성 전용 쉼터였다. 이주여성 쉼터를 만든 가장 큰 이유는 외국인 신분의 이주여성이 한국 여성들을 위한 쉼터에 입소할 수 없었기 때문이다. 한국의 법 체계는 기본적으로 자국민을 대상으로 하고 있기 때문에 외국인은 피해자라 해도 지원 대상이 될 수 없었다. 이주여성운동은 선주민 여성운동과 함께 가정폭력, 성폭력, 성매매 등 여성폭력 관련 법률에 외국인을 포함한다는 내용을 일일이 삽입하도록 노력해야 했다. 이주여성단체와 여러 여성단체들의 노력으로 2006년 9월 가정폭력방지법에 외국인 여성을 삽입하고 나서야 가정폭력 피해 이주여성 보호를 위한 이주여성쉼터가 제도화되었다.

외국인 여성 피해자를 포함하지 않는 제도에만 문제가 있던 것은 아니었다. 이주여성은 가정폭력을 경험한 선주민 여성과 같으면서도 달랐다. 가정폭력 피해를 경찰에 신고할 수 있다는 사실을 아예 모르거나, 정보를 알고 있다고 해도 한국어에 익숙하지 않아서 신고할 수 없는 경우도 있었다. 주로 중개업을 통해 속성으로 결혼한 부부 사이에서 신뢰 관계는 잘 형성되지 않았으며, 서로의 문화적 차이와 불완전한 의사소통은 공고하지 못한 국제결혼 관계를 더 흔들었다. 회복하기 힘들 정도로 부부 관계가 틀어졌다면 이혼을 하면 그만인데, 한국인 남편들은 외국인 아내가 이혼하고서 본국으로 돌아가길 원했다. 외국인은 비자 연장을 통해 한국에 체류할 수 있는데, 비자마다 연장 조건이 다 다르다. 비자 연장에 대한 지원이 제대로 이뤄지지 않으면 폭력 피해 이주여성이 순식간에 '불법 체류자'가 될 수 있었다. 출신국, 종교, 한국어 구사 능력, 피해 사례에 따라 저마다 사정이 다른 이주여성들을 지원하기 위해서는 그에 따른 전문성이 필요했다. 이주여성 전용 쉼터가 필요했던 이유이다.

2016년 현재 폭력 피해 이주여성쉼터는 전국에 26개가 있다. 1년에 대략 700명 정도의 이주여성이 500명 정도의 자녀를 동반하고 쉼터를 거쳐간다. 쉼터 입소율은 90퍼센트를 넘는다. 전국의 이주여성쉼터가 포화 상태인 셈이다.

쉼터는 이주여성들에게 어떤 공간일까? 한국이주여성인권센터는 쉼터가 폭력을 피하는 공간인 동시에 새 삶을 기획하는 공간이길 바란다. 센터의 바람대로 쉼터가 이주여성들에게 폭력을 피하고 미래를 기획하는 공간으로서 역할을 하고 있을까? 이주여성들도 그렇게 생각하고 있을까? 이주여성인권센터가 지부와 함께 운영 중인 쉼터에 입소한 이주여성들을 만나보기로 했던 가장 큰 이유이다.

폭력을 피해 안전한 곳으로 왔지만 한국 땅에서 자립해야 할 이주여성들의 현실을 가감없이 드러내보고 싶었다. 이주여성들이 마주한 상황이 녹록지 않겠지만 살아남기 위해 분투하는 모습은 현실 그 자체이며 구체적인 현실을 보는 것이 대안을 만들 밑바탕이 되어줄 것이다.

이주여성인권센터는 수도권, 호남권, 경상권, 충청권에 있는 5개 쉼터에서 생활하는 이주여성 27명을 만나 그들의 이야기를 들었다. 폭력의 경험은 동일했지만 이주여성들의 이야기는 다양한 지점에서 울림을 주었다. 우리가 만났던 이주여성들 중 7명의 이야기가 이 책의 주요 내용이다. 7가지 사례는 쉼터 입소 이주여성의 상황을 보여줄 수 있는 특성을 감안해 고른 것이다.

이 글들은 쉼터 이주여성이 직접 쓴 것은 아니다. 현장감을 살리기 위해 화자가 직접 말하듯이 1인칭으로 서술했다. 우리는 인터뷰로 인해 이주여성들의 아물지 않은 상처가 또다시 헤집어지지 않기를 바랐다. 그래서 쉼터에 방문하며 인터뷰에 참여할 사람들을 자원 활동가를 포함한 이주여성인권센터 활동가로 제한했다. 이주여성쉼터와 이주여성이 처한 상황을 이해하고 있어야 했기 때문이다. 그렇게 활동가들이 직접 인터뷰하고, 사례를 구성해 글로 썼다. 그리고 이주여성과 관련된 제도들에 대한 독자의 이해를 돕기 위해 각각의 이야기에 관련 분야 전문가의 해설을 함께 실었다. 접근이 쉽지 않은 이주여성쉼터에 대한 일반적인 이해를 위해 전국이주여성쉼터협의회 고명숙 님이 쉼터의 기능과 역할을 정리해주었다.

쉼터 이주여성의 사례와 해설 원고를 바탕으로 결혼이주와 폭력, 쉼터의 의미에 대하여 황정미 님이 종합적으로 검토해 글을 수록해주었다. 그는 폭력 피해 여성을 생존자로, 더 나아가 두려움과 결핍, 갈등과 위험 속에서 평화를 만들어가는 피스 메이커peace maker가 될 수 있도록 제반 여건이 조성되어야 한다고 주장한다. 그 전제조건으로 이주여성 피해자를 무력한 존재로 바라보는 온정주의를 버려야 한다고 강조한다.

황정미 님이 염려하는 바와 같이 이 글들이 이주여성을 피해자로만 재현하는 데 일조하지 않을까 하는 불안감이 있었다. 이주여성들 중에는 한국 사회 구성원으로서 큰 어려움 없이 살아가는 사람도 있고, 폭력 피해를 경험하는 사람도 있다. 그런가 하면 인권을 침해당하는 이주여성을 적극적으로 지원하는 당사자 활동가로 살아가는 사람도 있다. 자신 역시 결혼이주한 당사자로서 한국 사회에 적응하는 과정의 어려움을 몸소 체험한 당사자 활동가들의 존재와 활동은 큰 의미를 가진다. 이주여성 당사자 활동가들은 선주민들이 상상하지 못했던 측면에서 한국 사회의 변화를 만들어가는 사람들이다. 그들의 이야기를 통해 이주여성의 다양한 모습과 현장의 역동성을 보여줄 수 있을 것으로 기대하며 이주여성쉼터와 이주여성인권센터에서 일하는 당사자 활동가 홍매화, 한가은(레티마이투)님의 글을 실었다.

이 책은 처음 기획에서 출간까지 3년이 걸렸다. 그 과정에서 많은 분들의 노력이 있었다. 쉼터 입소 이주여성 인터뷰는 이주여성인권센터 경남, 부산, 대구, 전남, 전북, 충북 6개 지부의 적극적인 협력으로 이뤄졌다. 쉼터 입소 이주여성 인터뷰에 김율희, 김혜정, 이안지영, 이지연, 위라겸, 한가은(레티마이투), 허오영숙 님이 참여했으며, 통역은 니감시리 스리준, 레황바오쩜, 이유나, 팜티냐, 한가은(레티마이투), 한어진, 호티뚜완 님이 수고해주었다. 김영희, 김엘리, 문현아, 조이여울, 황정미 선생님의 자문은 책을 구성하는 데 큰 도움이 되었다. 3년 내내 기획단으로 참여해주신 위라겸, 이지연 선생님께도 특별히 감사드린다. 정지원, 김수진 활동가의 노력 또한 실무에 큰 도움이 되었다. 이주여성만의 쉼터를 구상하고 실천에 옮기셨던 한국이주여성인권센터 한국염 전 대표님은 책의 기획과 출간의 전 과정에도 큰 조언을 해주셨다. 이 책이 나올 수 있도록 집필에 참여해주신 필진들께도 큰 감사를 드린다. 무엇보다도 드러내기 쉽지 않은 이야기들을 들려주신 이주여성들에게 머리 숙여 감사드린다.

1부

이주여성들의
일곱 가지 이야기

외국인은
통장도
못 만드는 줄
알았다

기록 **이지연**

서울대학교 아동가족학 박사

통제

캄보디아에서 꿈꾸던 행복

캄보디아에서 부모님 농사를 도우며 살다가 한국에 온 내 이름은 쏙카(가명)다. 초등학교 선생님이셨던 엄마는 남는 시간이 생기거나 방학이 되면 벼 농사도 짓고 망고 농장도 운영하셨다. 농사만 짓는 게 아니라 소도 키우고 돼지도 키웠기 때문에 우리 집은 일손이 많이 필요했다. 엄마는 내가 농사를 짓는 대신 엄마처럼 선생님이 되길 원하셨지만 몸이 약해서 자주 병원에 다녀야 했던 나는 공부가 어려웠다. 그래서 중학교만 졸업하고는 집에서 오빠와 함께 부모님의 일을 도와드렸다. 몸이 아파서 일을 많이 도와드리진 못했어도 일을 도우며 부모님이 주시는 용돈이나 그 밖에 돈이 생기면 저금해두었다. 은행에 따로 만든 통장은 없었어도 돼지 저금통에 돈을 모아두고 필요할 때마다 사용하곤 했다.

어느 날, 사촌언니들이 한국 남자와 결혼해서 한국으로 갔다. 좋은 남편을 만나 언니들이 행복하게 살고 있는 것을 보면서 나도 그럴 수 있을 것 같다는 생각이 들었다. 캄보디아에서도 이만큼 잘 살아왔으니 한국에서도 잘 살 수 있을 거라고 믿었다. 한국 사람과 결혼해서 한국에 가고 싶다고 부모님께 말씀드리고 나서 내가 직접 중개업체를 알아보고 다녔다. 엄마는 너의 인생이니 알아서 하라고 하셨고 아빠도 별 말이 없으셨다. 정작 반대한 것은 친척들이었다. 한국으로 가기 한 달 전쯤의 일이었다. 이모를 비롯한 친척들이 가족들이 모인 자리에서 불편한 내색을 하셨다. 한국에 자식을 보내는 가족들은 자식이 대여섯씩이나 되는 집들이지만 우리 집은 나랑 오빠 딱 둘뿐인데 왜 한국에 보내느냐고 흉을 보셨다. 돈이 없는 것도 아니고 자식 키울 능력도 충분한데 왜 딸을 한국에 시집보내느냐는 것이었다. 친척들의 싫은 소리에도 부모님은 아랑곳하지 않고 인생은 스스로 결정하는 것이라며 '너의 뜻대로 해라'라고 의연하게 말씀해주셨다. 그래도 아마 속으로는 많이 걱정하셨겠지 싶다. 내가 떠나면 오빠만 부모님 곁에 남게 되니 가족들이 외로울까봐 나 스스로도 걱정이 많이 되었다. 그래도 이 모든 걱정을 뒤로하고 남편과 결혼해서 한국에 왔다. 새로운 세상에서 행복하게 살 수 있을 거라는 기대가 가득했다. 캄보디아에서 한국 남자와 결혼하는 여자들이 슬슬 많아지던 2007년 무렵이었다.

일꾼으로 이 집에 온 거였구나

남편은 한국에서 포도 농사를 짓는 농부였다. 캄보디아에는 포도 농사가 없었던지라 처음 해보는 일이었지만 열심히 했다. 포도 농사는 일이 많았다. 봉지로 포도를 싸고 농약을 주고 포도를 따는 일들이 힘들었지만 가리지 않고 부지런히 일했다. 먼저 한국에 와 있는 사촌언니들처럼 행복하게 살게 될 것이라는 꿈을 꾸며, 나도 괜찮게 살 수 있을 거라고 믿으며 열심히 살았다. 그런데 시간이 지나면서 남편은 형부들과 많이 다르다는 것을 깨달았다. 처음에는 남편을 붙잡고 하소연도 많이 했다. 형부는 이렇게 해주는데 당신은 왜 못해주냐고 비교하기도 했다. 그런데 그럴 거면 형부랑 같이 살라며 화를 내는 남편을 보면서 무언가 잘못되었구나 싶었다. 이대로는 안 되겠어서 한국어를 열심히 배워 남편과 제대로 대화해야겠다고 생각했다. 남편에게 하고 싶은 말이 있을 때마다 사촌언니들에게 전화를 걸어 언니들의 통역을 받아가며 이야기하는 것에도 한계가 있었기 때문이었다.

그런데 남편과 시어머니는 한국어는 배워서 뭐하냐며 반대했다. 당황스러웠다. 사촌언니들은 한국어를 배우러 학교도 다녔다고 했다. 그래서 나도 한국에 가면 한국어부터 배워야겠다고 다짐했는데 어찌 된 일인지 남편과 시어머니는 나의 다짐을 못마땅하게 여겼다. 시어머니는 "밭에서 같이 일하려고 데려왔다"며 한국어 배우러 다닐 시간에 농사일이나 하라고 했다. 남편도 마찬가지였다. "내가 돈 주고 너를 데려왔는데, 공부는 무슨. 밭에서 일하라고 데려왔지"라며 한국어를 배우겠다는 나를 무시했다. 너무 답답했다. 한국어를 배워서 남편에게 내 마음을 전하고 싶고 남편이 외국인이라고 나를 무시해도 한국어를 알면 당당할 수 있을 것 같았는데…… 다행히 동서와 사촌언니가 한국어를 배울 수 있도록 시어머니를 설득해주었다. 시어머니가 대학을 나온 동서 얘기는 잘 들어주었기 때문이다. 그래도 정식으로 한국말을 가르쳐주는 곳에는 보내주지 않았다. 데려다줄 것도 아니면서 남편은 다문화가족지원센터에서 일주일에 두 번 여는 한국어교실에 다니지 못하게 했다. 대신 결혼정보업체에서 가르쳐주는 한국어를 배우게 했다. 이제 막 한국에 온 여러 나라의 여자들이 방 하나에 모여 한국말을 배웠다. 그러나 이마저도 아이를 갖고 나서는 다니지 못하게 했다. 한국어 공부를 그만두고 너무 속상해하던 차에 다문화가족지원센터에 가서 신청만 하면 선생님이 집으로 방문해 한국어를 가르쳐준다는 이야기를 누군가에게 들었다. 한 번에 6개월씩 총 세 번을 신청했고 결국 공부를 끝까지 마쳤다. 여기까지가 남편이 허락해준 마지막이었다. 남편은 공부는 더 이상 안 된다고 했다. 그래도 한국말을 잘하고 싶은 마음에 혼자서 TV를 많이 보면서 열심히 한국말을 연습하곤 했다.

캄보디아에서 중학교까지만 나온 것이 후회가 돼서 고등학교 공부를 하고 싶었다. 그러나 남편과 시어머니는 이번에도 심하게 반대했다. 학교는 매일 가야 하니까 나도 포기했다. 그래도 공부가 하고 싶었다. 아이를 키우려면 엄마인 내가 어느 정도는 알아야 한다는 생각이 들었기 때문이다. 그러다가 옛날에 사정상 공부를 하지 못했던 할머니들과 이주여성들을 대상으로 일주일에 두 번 가는 학교가 있다는 것을 알게 되었다. 다문화가족지원센터에서 고등학교를 가고 싶어 하는 이주여성들에게 진학도 시켜주겠다고 했다. 주간반뿐만 아니라 야간반도 있는데다가 사정이 생겨 빠져도 봐주는 학교여서 좋았다. 일주일에 딱 두 번만 가면 되는 곳이었는데, 전화해서 못 간다고 할 때마다 다음엔 꼭 오라고 말해주는 담임선생님이 있어 정말 좋았는데 가족들의 끈질긴 반대로 결국 그만두었다. 나는 외국인이기 때문에 한국에서 아이를 키우려면 알아야 할 것들을 배워야 한다고 생각했다. 또 엄마가 한국어를 모르면 아이도 무시를 당하거나 왕따를 당할 수도 있다는 걱정이 들기도 했다. 무엇보다 아이가 나에게 무언가 질문했을 때 충분하지는 않더라도 어느 정도는 설명해줄 수 있는 엄마가 되고 싶었다. 그런데 남편이나 시어머니의 생각은 달랐던 모양이다. 시어머니는 "일을 시키려고 데려왔는데! 네가 뭔데! 공부하고 싶으면 집에서 나가! 공부하려면 필요 없다!" 하고 소리치곤 했다. 가족들은 툭하면 내게 나가란 소리를 했다. 나는 정말 일꾼으로 이 집에 온 거구나 하는 생각이 들었다.

너는 빈손으로 왔잖아, 네 것은 없어!

일꾼들은 돈이라도 받는데 나는 그런 것도 없었다. 받아야겠다고 생각해본 적도 없었던 것 같다. 나도 남편과 같이 일을 했지만 남편이 주지 않으면 내 것이 아니라고 생각하며 살았다. 처음부터 시어머니에게 "너는 빈손으로 왔잖아, 네 것은 없어!"라는 말을 매일 들었기 때문일 것이다. 계속 그런 말을 들으니 이 집도, 이불 조차 내 것이 아니라는 생각이 들었다. 갖고 싶지도 않았다. 남편은 "돈을 벌고 싶으면 네가 나가서 벌어와. 근데 넌 외국인인데 밖에서 벌 수 있겠냐? 누가 외국인을 쓰겠냐?"라며 비웃었다. 그런데 막상 내가 돈이 필요해서 공장에 다니며 돈을 벌려고 하자 남편과 시어머니는 기를 쓰고 반대했다. 이해할 수 없었지만 그냥 참는 수밖에 없었다. 남편이 농사지어 번 돈은 전부 같은 동네에 살고 있는 시어머니가 관리했다. 시어머니는 작은 슈퍼마켓을 하셨는데 거기에서 버는 돈도 시어머니 것, 남편이 농사지어서 번 돈도 시어머니 것이었다. 처음에는 한 달에 10만 원씩 시어머니에게 돈을 받았는데 그것도 몇 달뿐이었다. 자존심이 상해서 더 이상 달라는 말도 하지 않았다. 전기세나 수도세도 시어머니에게 받아서 냈다. 집안 살림이나 돈 관리는 모두 시어머니가 했다.

병원을 갈 때도 마찬가지였다. 병원 갈 때마다 만 원씩 받아서 병원비와 차비를 했다. 잔돈이 조금이라도 남으면 남편이 남은 돈을 내놓으라고 닦달을 했다. 가지고 싶은 마음도 없어서 그냥 줘버렸다. 아이에게 필요한 물건이 생기면 그때마다 남편이나 시어머니에게 얘기를 했고, 그러면 시어머니가 사오거나 같이 사러 가서 시어머니가 돈을 내곤 했다. 남편은 그마저도 못마땅하게 여겼다. 물건을 살 때마다 그런 것들이 왜 필요하냐며 따지고 들었다. 아이 물건을 많이 사는 것도 아니었다. 아이가 어릴 때는 기껏해야 기저

귀, 분유, 물티슈 등을 샀고 옷은 전부 동서 아이들 옷을 얻어다 입혔다. 정말로 필요한 물건들만 얘기하는데도 왜 필요하냐고 따지는 남편을 이해할 수가 없었다. 자존심이 너무 상했지만 매번 남편이나 시어머니에게 부탁하는 것밖에는 달리 방법이 없었다. 내 지갑에는 천 원밖에 없는 날이 많았기 때문이다. 사실 남편은 돈이 많이 들 거라며 아이도 낳지 말자고 했던 사람이다. 어린이집도 돈 많이 든다고 병설유치원이나 되면 보내라고 했다. 남편은 돈을 벌 생각도 관리할 생각도 없는 사람처럼 보였다. 전부 시어머니에게 줘버리면 그만이었다. 일이 없을 때는 다른 일거리를 찾아보거나 해야 하는데 그럴 생각도 하지 않고 집에서 놀기만 했다. 포도를 수확해서 버는 돈 2,000만 원이 1년 수입의 전부였는데, 그마저도 은행에 진 빚 갚고, 밀린 비료값과 농약값을 내고 나면 남는 게 없었다. 1년 내내 빚지고 농사지어서 다시 갚고, 다시 1년 내내 빚내서 농사지은 다음 다시 갚고, 계속 그렇게 반복하며 살았던 것 같다.

남편은 적금도 들지 않는 것 같았다. 나라도 내 통장을 만들고 싶었지만 남편이 외국인에게는 통장을 안 만들어준다고 했다. 그래서 정말로 그런 줄로만 알았다. 하는 수 없이 남편 이름으로 된 통장이나 카드를 썼다. 다문화가족지원센터에 다니고 나서야 내 이름으로 통장을 만들 수 있다는 것을 알았고 농협뿐만 아니라 다른 은행에서도 다 만들 수 있다는 사실을 알게 되었다. 남편에게 이야기하자 그제야 남편은 내 이름으로 된 통장을 만들어주었다. 분명 내 이름으로 된 통장임에도 남편은 비밀번호도 알려주지 않고 내 통장을 계속해서 사용했다. 나는 몇 번이나 내 이름으로 된 통장이니 내가 관리하겠다고 했지만 남편은 "네가 알아서 뭐할 건데!"라며 알려주지 않았다. 나중에 은행에 찾아가보니 외국인등록증만 가져오면 비밀번호를 바꿀 수 있다고 해서 바로 비밀번호를 바꿨다. 그 사실을 알게 된 남편이 욕을 하며 화를 냈지만 나는 내 통장이니 내 것이라고 맞섰다. 시어머니도 그게 왜 네 것이냐며 화를 내셨지만 동서가 도와줘서 겨우 내 통장을 지킬 수 있었다. 그렇다고 그 통장에 돈이 많았던 것도 아니다. 아이가 태어나고 2년 동안 들어왔던 기본 지원금이 조금 남아 있었을 뿐이었다. 농사일을 같이 해도 나에게 돌아오는 돈은 없었고, 그렇다고 내가 다른 일을 할 수 있도록 가족들이 허락해주지도 않았다. 캄보디아 고향 집에 전화할 때도 전화기에 비밀번호가 걸려 있어서 남편의 허락을 받아야 하는 처지였다. 나는 그냥 내 이름으로 된 통장이 갖고 싶었을 뿐이었다.

사실은 국적도 받고 싶었는데 한국에 온 지 10년이 다 되어가는 지금까지도 나는 아직 한국 국적이 없다. 남편에게 받고 싶다는 말도 하지 않았다. 한국에서 나 혼자 국적을 받을 수 있는 방법은 없었다. 남편이 안 해주니까 그냥 가만히 있을 수밖에 없었다. 그런데 아이가 커서 초등학교에 입학할 때가 다가오자 국적이 필요하겠다는 생각이 들었다. 나를 위해서가 아니라 아이를 위해서라도 한국 국적을 신청해야겠다 싶었다. 그래서 겨우 국적을 신청하게 되었는데 신청해놓고 몇 개월 만에 쉼터에 오고 말았다. 국적이 없어서 집을 나와도 막막한 상황이었지만 그래도 더 이상 버틸 수가 없어 나와버렸다. 3년간 나를 때렸던 남편은 내가 가출을 했다고 경찰에게 거짓말을 했고 국적 신청을 취소해버렸다.

나를 장난감처럼 가지고 놀고 때리고

남편이 나를 때리기 시작한 것은 한국에 온 지 3년이 되어가던 즈음이었다. 처음 한국에 왔을 때부터 남편은 심한 욕을 하곤 했는데, 그래도 때리지는 않았다. 그런데 아이를 데리고 남편과 같이 캄보디아 친정에 다녀온 뒤부터 폭력이 시작됐다. 이유는 지금도 모른다. 몸을 때리면 멍이 들고 쉽게 눈에 띄니까 몸 대신 머리만 계속해서 때렸다. 머리카락을 붙잡고 벽에다 나를 던지기도 했다. 하도 머리를 때려서 머리에 상처도 많이 났고 머리가 계속 아팠다. 몸도 점점 말라갔다. 아이가 커서 웬만한 것을 아는 나이가 되었는데도 아이 앞에서 나를 계속 때렸다. 아이가 울면서 싸우지 말라고 하면 TV를 크게 틀어 밖에 소리가 새어나가지 않게 해놓고 때리기도 했다. 너무 서러워서 아이와 서로 부둥켜안고 울면 남편은 손에 잡히는 대로 물건을 집어던지며 나가라고 소리쳤다.

남편에게 맞은 지 2년 정도 되던 어느 날 다문화가족지원센터 선생님들에게 상담을 받으며 남편의 폭력에 대한 이야기를 털어놓았다. 마을 사람들에게는 말해봤자 늘 내가 참아야 한다는 말만 들어서 도움받길 포기했던 이야기였다. 그런데 다문화가족지원센터 선생님들과 이야기를 하다보니 남편의 폭력을 신고할 수도 있고, 쉼터에서 지낼 수도 있다는 것을 알게 되었다. 그렇지만 아이를 생각해서 참고 또 참았다. 그런데 1년쯤 더 지난 후에 남편이 갑자기 이혼 소송을 걸었다. 남편이 나를 때리기 시작한 지 3년째 되던 어느 날이었다. 맞은 건 나인데, 잘못은 남편이 했는데…… 나를 약 올리고 장난감처럼 가지고 놀려고 그러는 것이라고밖에 생각이 되지 않았다. 진짜로 이혼할 생각이 있어서 그런 것이 아니라 '네가 잘못했다고 빌면 받아주겠다'는 식으로 나를 길들이려고 했던 것 같다. 시어머니는 대문도 방문도 모두 잠가버렸다. 나는 그래도 남편과 살아야겠다는 생각에 창문으로 기어서 집에 들어갔다. 그랬더니 시어머니가 "집도 이불도 전부 내 것"이라며 "너 같은 사람은 필요 없으니 나가"라고 했다. 하는 수 없이 집에서 나와 마을회관으로 갔다. 갈 데가 없어서 마을회관에 있었던 것인데 가족들은 그새 경찰에 가출 신고를 했다. 그래서 경찰에게 상황을 설명하고 갈 곳을 소개해달라고 부탁했다. 경찰이 처음 소개해준 곳은 아이를 데리고 갈 수 없는 쉼터였다. 그래서 아이를 데리고 갈 수 있는 쉼터를 찾아 다른 동네에 있는 파출소까지 찾아갔고, 그곳에서 나를 다문화가족지원센터에 데려다주었다. 다문화가족지원센터에서는 아이를 데리고 갈 수 있는 쉼터를 소개해주었고 그 길로 나는 아이를 데리고 쉼터에 들어갔다.

쉼터에서 다시 꿈꾸는 행복

쉼터에 와서는 남편과 시어머니가 못하게 했던 한국어 공부는 물론 돈을 버는 일도 마음 놓고 할 수 있었다. 남편에게 돌아가지 않으려면 일자리도 찾고 돈도 모아야 한다는 생각이 들어서 쉼터 선생님들한테 말씀드렸더니 안전한 일자리를 찾아주었다. 오랫동안 안정적으로 할 수 있는 일자리를 찾아 열심히 일하며 적금을 든 지도 1년이 되었다. 일해서 번 돈은 쓰지 않고 거의 전부 통장에 넣어두었다. 국적을 따기 위해서라도 돈이 3,000만 원 이상 들어 있는 통장이 필요하기 때문이다. 옷도 사지 않고 쉼터 친구들과 나눠 입으며 돈을 아끼고 있다. 아이에게 당당해지기 위해 한국어 시험도 열심히 준비하고 있다. 아이를 위해서 욕심을 내보려고 한다. 검정고시라도 봐서 고등학교를 졸업할 생각이고, 언젠가는 쓸 일이 있겠다는 생각에 운전면허 시험도 준비 중이다. 쉼터에 있는 동안 남편 없이도 한국에서 사회적 관계를 맺으면서 아이와 잘 살 수 있도록 열심히 준비할 생각이고, 그걸 위해 결심하고 또 결심한다. 아이가 캄보디아에서 온 엄마를 자랑스럽게 생각할 수 있도록 자신감 있고 당당한 사람이 되고 싶다.

이렇게 열심히 살다가도 가끔 캄보디아로 돌아갈까 하는 생각이 든다. 쉼터에 온 지 2년이 지나도록 끝이 보이지 않는 소송이 지겹고, 아는 사람도 없이 한국에서 아이와 단둘이 살아갈 일이 두려워질 때가 있다. 친정 식구들도 외롭게 한국에서 고생하지 말고 돌아오라고 한다. 그렇지만 아이가 걱정되어 캄보디아로 돌아가기도 어렵다. 혹시라도 양육권 소송에서 지게 된다면 아이 없이 한국에 나 혼자 사는 것이 아무 의미가 없으니 고향으로 돌아가는 것이 낫겠다 싶은 생각이 들기도 한다. 그러다가 또 생각해보면 아이를 보지 않고는 살아갈 수 없을 것 같은 마음에, 아이를 키우지 못하게 되더라도 한국에 살면서 아이가 커가는 것을 지켜보며 살아보자 싶기도 하다. 요즘은 아이도 자신이 아빠와 살게 될까봐 겁이 날 때가 많다고 한다. 아이는 아빠를 보고 싶어 하지도 않는다. 법원에 다녀오는 날이면 밖에서 몰래 혼자 술 한잔하는 것도 이런저런 생각에 답답하고 복잡스러운 마음 때문이다. 한국에 온 것이 많이 후회된다. 나는 후회된다.

그것은
결혼이 아니다

김지혜 | 강릉원주대학교 다문화학과 교수

가족의 이름으로 자유를 박탈

"결혼은 구속이다."

이 문장은 사실 어울리기 어려운 두 단어의 조합이다. '결혼'이라는 사랑하는 사람과 평생을 함께한다는 행복한 사건이, 누군가의 자유를 박탈하거나 법적인 의미로는 가둔다는 뜻의 '구속'이라는 단어로 묘사된다. 물론 이 문구는 결혼이란 것이 얼마나 많은 의무와 책임을 포함한 결정인지 그 무게감을 표현한 비유일 뿐일 수 있다. 하지만 쏙카의 이야기는 결혼이 정말로 구속이 될 수 있음을 보여준다. 낯선 사람을 만나 결혼을 해서 법적으로 서로에게 의무와 책임을 지기로 약속하는 배우자를 만나는 것이, 누군가에게는 무한한 신뢰와 안정감의 시작이 되지만 누군가에게는 자유를 잃는 두려운 사건이 된다.

쏙카가 들려주는 결혼생활은 이주민이 겪는 가정폭력의 특수한 상황을 보여준다. 법률상 가정폭력은 '가정 구성원 사이의 신체적, 정신적 또는 재산상 피해를 수반하는 행위'로 정의된다(가정폭력 범죄의 처벌 등에 관한 특례법 제2조 제1호). 쏙카가 가정폭력의 피해자임은 분명하다. 쏙카는 남편과 시어머니에게 맞거나 폭언을 듣는 등 신체적 · 정신적 폭력을 겪었고, 돈을 갖지 못하는 등의 재산상 피해를 광범위하게 겪었다. 그러면 남편과 시어머니가 쏙카에게 한국어를 배우지 못하게 하고 다문화가족지원센터에 나가지 못하게 한 것은 어떤가? 외국인에게는 통장을 발급해주지 않는다고 한 남편의 거짓말은 어떤가? 이것도 가정폭력일까? 쏙카의 이야기는 이주민이라는 상황을 악용하면서 가족의 이름으로 한 사람의 자유를 박탈한 불행한 사례이다.

쏙카가 경험한 것은 바깥 세계로부터의 고립이었다. 한국어를 배우지 못하게 함으로써, 사람들을 만날 기회를 차단함으로써, 자유롭게 활동하기 위해 필요한 돈의 사용을 제약함으로써, 쏙카는 고립되었다. 모든 정보는 남편과 시어머니에 의해 필요한 방식으로 걸러지고, 왜곡되어 전달되고, 다른 정보를 접할 통로가 차단되었다. 이런 상황에서 쏙카는 통장을 만들고 싶어도 외국인에게는 통장을 안 만들어준다는 남편의 말을 믿을 수밖에 없었다. 남편의 폭력을 신고할 수 있다는 정보를 얻을 수도 없었다. 6년 동안 가족들이 쌓아놓은 담벼락 안에서 탈출한 후에야 쏙카는 고립 상태에서 벗어날 방법을 찾았다.

사실 고립은 결혼이민이라는 상황의 다른 이름이기도 하다.

결혼이민자는 모든 것이 낯선 나라에서, 알아들을 수 없는 말 속에 소외되며, 아는 사람이 거의 없는 세상에 홀로 놓이기 쉽기 때문이다. 한국인 남편과 그 가족만이 세상의 시작이자 끝이 되곤 한다. 다른 사람들을 만나기는 어렵다. 2015년 〈전국다문화가족실태조사〉*에 따르면 결혼이민자·귀화자 30만 4,516명 가운데 65.8퍼센트가 모임이나 활동의 참여가 어렵다고 응답했다. 그 이유로 '일을 해야 하므로'(45.0퍼센트)가 가장 많았고, 그 외에 '한국어를 잘하지 못해서'(30.4퍼센트), '가족을 돌봐야 하므로'(20.2퍼센트), '참여하고 싶은 모임이 없어서'(16.2퍼센트), '모임을 같이할 사람이 없어서'(10.6퍼센트), '한국 사람들이 좋아하지 않는 것 같아서'(8.5퍼센트), '배우자 및 가족의 반대로'(3.4퍼센트) 등이 있었다(복수 응답).

만일 가족이 이주여성의 고립된 상황을 이용하고 약취한다면 문제는 매우 심각해진다. 안타깝게도 많은 이주여성들이 그런 통제와 억압을 경험한다. 2011년 한국형사정책연구원이 결혼이주여성 819명을 대상으로 조사한 결과**에 따르면, 30.6퍼센트가 남편이나 시댁 식구들이 '자유롭게 외출을 못하게 했다'고 응답했고, 4.2퍼센트는 '남편이나 시댁 식구가 방이나 창고 등에 감금'한 적이 있다고 했다. 그 외에도 남편이나 시댁 식구들이 '정당한 사유 없이 필요한 생활비나 용돈을 주지 않았다'(37.1퍼센트), '본국 방

---

* 한국여성정책연구원, 〈2015년 전국다문화가족실태조사〉, 여성가족부, 2016, 158~161쪽 참조.

** 김지영·최훈석, 〈결혼이주여성의 인권침해실태 및 대책에 관한 연구〉, 한국형사정책연구원, 2011, 95~99쪽 참조.

문을 못하게 했다'(29.1퍼센트), '본국 식구들과 연락을 못하게 한다'(23.1퍼센트), '신분증(여권, 주민등록증 등)을 나에게 주지 않았다'(20.5퍼센트) 등의 경험을 했다.

고립은 피해자에 대한 통제와 지배를 확보하는 과정으로서 가정폭력의 주요한 형태의 하나이다. 쏙카의 경우처럼, 직장이나 학교에 가지 못하게 하거나, 가족이나 친구를 만나지 못하게 만드는 식이다. 한국어를 배우지 못하게 하고, 모국어를 사용하지 못하게 하기도 한다. 외출을 감시하고 시간을 제한하며, 피해자가 원하는 행동을 하려고 하면 이기적이라고 하거나 잘못된 행동이라고 비난한다. 가해자는 무엇이 '좋은' 것인지 일방적으로 결정해버린다. 그렇게 해서 좋은 아내, 좋은 엄마, 좋은 며느리가 되려는 피해자의 선한 동기를 이용해 피해자의 행동을 통제한다. '누가 외국인을 쓰겠냐?'라며 이주여성이 세상으로 나가려는 시도 자체를 좌절시킨다. 피해자는 괴로운 상황을 혼자 감당하면서 도움을 요청하려는 시도조차 하지 못하는 상태가 되고 만다.

남성우월주의, 인종주의, 외국인 혐오

이주여성을 통제하고 억압하는 이런 장면 뒤에는 성차별주의가 깔려 있다. 남성 중심적 사고에서 보면 여성은 남성을 위해 존재해야 한다. 여성은 대상이고 도구이다. 그러니 아내는 남편에게 순종해야 하고 남편은 아내의 행동을 통제할 수 있다고 생각한다.

만일 여성이 남성의 뜻대로 행동하지 않는다면, 남성은 여성을 윽박지르고 위협하며 폭력과 폭언을 사용해 지배와 통제의 권력을 행사한다. 쏙카의 마을 사람들이 '참으라'고 말했던 것처럼 주변인들이 이런 남성 중심적 질서에 동의하거나 침묵하고 있을 때(심지어 시어머니처럼 본인이 여성일지라도 이런 질서에 동의할 때), 폭력은 거리낌 없이 표출된다.

여기에 인종차별주의와 외국인 혐오가 통제와 지배의 이유를 더 강화한다. 동남아시아인은 가난한 나라에서 온 사람이고 열등하다는 생각, 피부색이 어두운 것은 아름답지 않다는 감각, 결혼이주여성은 돈 때문에 한국에 왔다고 생각하며 보내는 경멸 어린 시선이 곳곳에 스며 있다. 이주민을 열등한 존재로 바라보는 시각이 가족 내에도 존재하면 이주여성을 새로운 가족 구성원으로 온전히 받아들이지 못한다. 남성 중심주의, 인종차별주의, 외국인 혐오가 이렇게 복합적이고 중첩적으로 얽혀, 이주여성을 마치 인간으로서의 존엄성이 삭제된 존재로 여기는 모습이 나타나기도 한다.

이주여성이 귀화하지 않았다면 제도적으로 내국인에게 의존적인 상태에 놓이게 된다. 외국인으로서 이주여성이 한국에서 사는 것을 가능케 하는 사람이 바로 내국인 배우자이기 때문이다. 법적으로 결혼이민자는 국내 배우자의 신원보증서가 있어야 체류자격을 받을 수 있다(출입국관리법 시행규칙 제9조의4 제1항). 몇 년 전까지만 하더라도 결혼이민자는 체류 기간 연장 허가를 신청할 때에 국내 배우자의 신원보증서가 있어야 했다. 이 때문에 폭력 피해를 입고도 이주여성이 남편을 떠나지 못하거나 남편을 떠나면 체류 상태가 불안해지는 문제가 발생했다. 그래서 국가인권위원회는 체류 기간 연장 허가에서의 배우자의 신원보증서 제출 규정이 부부의 평등권을 침해한다며 폐지를 권고했고, 법무부는 2011년 12월 개정한 출입관리법 시행규칙에서 이 요건을 삭제했다.

물론 체류를 위해 폭력을 견디는 일이 없도록 폭력 피해를 입은 이주여성의 체류 자격을 제도적으로 보장하는 것이 중요한 인권 보호장치임에 틀림없다. 그런데 제도가 바뀌고 좋아져도 이주여성이 그 권리를 모르면 소용이 없을 때가 많다. 쏙카와 같이 폭력의 가해자에게 온전히 정보를 의존하는 상황에서는 제도 자체가 무력해진다. 이주민이 이해할 수 있는 언어와 내용으로, 폭력이 발생하기 전에 폭력에 대응하는 방법을 알려주어야 한다. 그리고 고립되지 않도록 사회가 이주민과 연결되어 있어야 한다.

배우자가 아니라 노예의 삶

사실 쏙카의 경험은 가정폭력을 넘어 인신매매와 강제노동의 이야기로 읽히기도 한다. 유엔의 〈인신매매 특히 여성과 아동의 인신매매 방지, 억제 및 처벌을 위한 의정서〉 제3조에 의하면, 인신매매는 "착취를 목적으로 위협이나 무력의 행사 또는 그 밖의 형태의 강박, 납치, 사기, 기만, 권력의 남용이나 취약한 지위의 악용, 또는 타인에 대한 통제력을 가진 사람의 동의를 얻기 위한 보수나 이익의 제공이나 수령에 의하여 사람을 모집, 운송, 이송, 은

닉 또는 인수하는 것을 말한다. 착취는 최소한, 타인에 대한 매춘의 착취나 그 밖의 형태의 성적 착취, 강제노동이나 강제고용, 노예제도나 그와 유사한 관행, 예속 또는 장기의 적출을 포함한다". 이때 의도된 착취에 대한 인신매매 피해자의 동의는 문제가 되지 않는다고 본다.

쏙카의 남편과 시어머니는 쏙카에게 "밭에서 일하라고 돈을 주고 데려왔다"는 말을 서슴없이 한다. 그래서 한국어도 배울 필요가 없다고 하고, 공부하고 싶으면 집에서 나가라고 말한다. 일을 해도 "네 것은 없다"고 말한다. 쏙카의 경우, "성적 착취, 강제노동이나 강제고용, 노예제도나 그와 유사한 관행"에 해당되는 착취를 당했다. 따라서 일종의 사기 또는 기만으로 결혼이 이용된 것으로 볼 여지가 있다. 부부로서의 관계를 맺는 '결혼'을 하고서 사실은 '밭에서 일하라고 돈 주고 데려왔다'고 말하는 것은, 사실상 결혼을 빙자한 인신매매였음을 실토하는 것이다. 쏙카가 자유와 권리를 박탈당하고 적절한 보상도 받지 못한 채 노동을 한 일련의 경험은 배우자가 아니라 노예로서의 삶에 가까웠다.

그러므로 쏙카가 결혼에서 벗어나는 과정은 어쩌면 노예해방의 과정이라고 말할 수 있다. 이제 쏙카는 자유를 찾아 이혼과 독립, 일자리, 검정고시, 한국어 시험, 운전면허 시험 등의 과제를 한가득 쌓아놓고 자신의 길을 만들고 있다. 대한민국 헌법 제36조 제1항에는 "혼인과 가족생활은 개인의 존엄과 양성의 평등을 기초로 성립되고 유지되어야 하며, 국가는 이를 보장한다"라고 쓰여 있다. 이 권리가 결혼이민가정에는 해당되지 않는다고 말할 수 없다. 그러니 우리는 진지하게 물어야 한다. 개인의 존엄과 평등을 기초로 이뤄졌어야 하는 결혼이 어쩌다 인신매매처럼 변질되었을까? 어쩌다 결혼이 가족을 맞는 환대가 아니라 값싸게 일꾼을 들이는 착취의 수단으로 전락하게 되었나?

배우자를 존엄하고 자유로운 인격체로 대우하지 못하는 모든 관계는 결혼의 정의에 부합하지 못한다. "결혼은 양 당사자의 자유롭고도 완전한 합의에 의하여만 성립"(세계인권선언 제16조 제2항)되며, 결혼을 한다는 것이 인간으로서의 자유와 권리를 포기하거나 빼앗기는 일이 될 수 없다. 결혼은 서로에게 책임을 다하겠다는 약속이지, 일방적인 구속과 자유의 박탈이 아니다.

쏙카는 다행히 살아남았지만 가족의 지독한 무시와 미움, 폭력의 결과로 목숨을 잃는 이주여성들도 있다. 그래도 쏙카에게는 쏙카를 위해 통역을 해주고 시어머니를 설득시켜준 사촌언니와 동서가 있었다. 통장 만드는 법을 알려주고 폭력 신고를 도와준 다문화가족지원센터가 있었고, 집에서 나왔을 때 쉼터로 연결해준 경찰이 있었다. 그리고 지금 더 나은 미래를 설계하도록 도와주는 쉼터가 있다. 고립되어 있는 쏙카를 살려준 것은 세상과의 연결이었다. 그 통로를 찾기 위해 쏙카는 무던히 애를 썼고, 그런 쏙카의 손을 잡은 사람들이 있었다. '우리는 연결될수록 강하다'라는 구호처럼, 이주여성이 어딘가에 홀로 고립되지 않도록 사회는 계속해서 손을 내밀고 또 손을 잡아야 한다.

한국에 와서
더 고생할 줄은
몰랐어요

기록 **위라겸**

전남여성가족재단 정책연구팀 연구원

한국에서는 다른 삶을 살 수 있지 않을까

5년 전 결혼을 해서 한국에 올 때만 해도 나는 한국에서의 삶이 베트남에서보다는 나을 것이라고 생각했다. 그런데 지금은…… 잘 모르겠다. 그래도 쉼터에서나마 사랑하는 딸과 함께 지내고 있는 것을 다행이라고 생각해야 할까.

베트남에서는 정말이지 지독히도 가난하게 살았다. 나는 베트남 남부에 있는 시골에서 태어났다. 우리 가족은 집이 없었고 비어 있는 땅에 집을 짓고 살다가 땅주인이 쫓아내면 별다른 대책 없이 내쫓기며 하루하루를 살았다. 옷은 동네 사람들이 가져다준 것을 입었고, 때로는 먹을 것이 없어 옆집 사람들에게 얻어먹기도 했다. 나는 하루라도 빨리 돈을 벌어서 부모님과 일곱 형제자매를 도와야겠다는 생각에 학교를 5년만 다니고 그만두었다. 가난 때문에 온 가족이 힘들게 사는 것도 무척이나 괴로웠지만, 아버지가 일은 거의 하지도 않으면서 술 마시고 행패 부리는 모습을 보는 것도 큰 고통이었다. 아버지는 툭하면 몸도 좋지 않은 엄마에게 욕을 하고 때리곤 했다.

나는 여덟 살 정도 되었을 때 조금씩 집 밖으로 나가 일을 했고, 열두 살이 되어서는 아예 학교를 그만두고 본격적으로 일을 하기 시작했다. 주로 동네 사람들이 벽돌을 만들어 내다 파는 곳에 가서 어른들이 만들어놓은 벽돌을 트럭까지 나르는 일을 했다. 겨우 열 살 정도밖에 되지 않았는데 한 개에 2킬로그램이 넘는 벽돌을 나르는 것은 여간 힘든 일이 아니었다. 내가 힘들어하는 것을 안타까워한 어른들이 대신 벽돌을 날라주기도 했지만, 체구도 작고 몸도 약한 내가 다른 어른들만큼 벽돌을 나르고 돈을 버는 것은 애초에 불가능한 일이었다. 스무 살이 되어서는 가까운 대도시로 나가 일자리를 구했다. 딱히 배운 것이 없어서 도시에서 할 수 있는 일은 가정부뿐이었다. 여러 집을 전전하며 가정부 일을 하다보니 10년이 금방 흘러갔다. 몸과 마음이 지치기도 했고 어느덧 나이도 제법 들어 결혼할 때가 된 것 같아 고향에 돌아왔다.

한국 남자와 결혼하라고 권한 사람은 어머니였다. 어머니는 내가 베트남 남자와 결혼하면 힘들게 살지는 않을까 걱정하셨고, '한국 남자는 아내와 아이들을 사랑하고 잘 대해준다' '내가 죽고 나서도 자상한 남편에게 기대어 살 수 있을 거다'라면서 한국 남자와 결혼하라고 하셨다. 친척과 동네 여자들 중 이미 여럿이 한국 남자와 결혼해서 떠났는데, 다들 한국에서 고생하지 않고 잘 살고 있다고 했다. 그래서 나는 동네에서 국제결혼을 소개해주는 아저씨를 직접 찾아갔고, 그 아저씨가 나를 국제결혼 중개업체에 데려다주었다.

중개업체를 통해 남편을 처음 만났을 때 서로 말이 통하지 않아 제대로 이야기를 나눠보지는 못했지만, 업체 사람들이 남편이 번듯한 직업도 있고 좋은 사람이라고 말해줘서 마음에 들었다. 업체에선 남편이 몸도 건강하고 정신도 온전하다고, 그렇게 좋게만 이야기해주었다. 남편과는 열여덟 살 차이가 났지만 나에게 나이 차이는 그다지 큰 문제가 아니었다.

나는 도시에 나가 일한 것 말고는 고향을 떠나본 적이 없었지만 한국이 낯선 곳이라고 해도 베트남에서 사는 것보다는 좀 더 나은 삶을 살 수 있을 거라고 생각했다. 남편과 결혼하고 한국에 오면서 기대했던 것은 다른 인생을 살아보는 것이었고, 그것은 다정한 남편과 함께 고향에서보다는 덜 고생하며 사는 것, 그리고 일을 해서 가족들, 특히 어머니를 조금이라도 돕는 거였다. 정말 한국에 와서 이렇게 고생하며 살 거라고는 상상도 못했다.

생계를 위해 돈을 벌었지만 다 빼앗기고

한국에 오기 전 중개업체에서는 남편이 배를 한 척 가지고 있다고 했다. 그렇지만 막상 한국에 와보니 남편은 남의 배를 타고 나가 뱃일을 하는 사람이었다. 시아버지 말로는 원래 배가 한 척 있었는데 나와 결혼할 돈을 마련하기 위해 팔았다고 했다. 한국에 오면 고생을 덜할 거라는 기대가 살짝 꺾였지만 그래도 나와 아이가 행복하게 지낼 수 있었다면 남편이 부자건 가난하건 큰 상관은 없었을 것이다.

한국에 온 후 한동안은 행복한 나날을 보냈다. 남편은 나를 잘 챙겨주고 돌봐주었다. 그렇지만 한국에 온 지 얼마 지나지 않아 그렇게 거창하지도 않았던 결혼생활에 대한 나의 기대는 산산조각이 났고, 경제적으로나 정신적으로나 너무나 힘든 생활이 시작됐다.

한국에 오면 남편과 단둘이 살 거라고 생각했는데, 막상 와보니 시누이와 조카들이 함께 살고 있는 집 한편에서 살게 됐다. 남편은 배를 타고 나가면 열흘이나 보름이 지나야 집에 돌아왔고, 그동안 나는 시누이네 집안일을 도우며 지냈다. 그러다가 한국에 온 지 시간이 꽤 지나서야 남편 집이 시누이네 근처가 아니라 섬에 있다는 사실을 알게 됐다. 시집 식구들은 내가 처음부터 섬에서 살게 되면 가난한 집 형편을 알고 도망갈 거라고 생각했던 것 같다. 내가 임신을 하고 시집 식구들이 나를 아무리 때려도 집에서 나가지 않자 그제야 내가 도망가지 않을 거라고 생각했는지 시아버지가 섬에 있는 남편 집으로 나를 데리고 갔다. 시아버지는 시누이가 나를 괴롭히고 때리는 것을 보고는 가만 놔뒀다가는 큰일 나겠다는 생각을 한 것 같았다. 섬에는 남편 집 외에 시아버지 집이 따로 있었는데, 내가 식사며 빨래, 청소 등 시아버지네 집안일을 다 해야 했다.

남편은 뱃일을 해서 번 돈을 모두 시누이에게 줬다. 시누이는 내게 돈이 생기면 베트남 가족들에게 다 보내고 도망갈 거라고 했다. 이러니 아무리 시간이 흘러도 남편이 얼마를 버는지 알 수 없었다. 우리 가족이 따로 살게 되면서 가끔 남편이 몇 만 원씩 주곤 했지만 그나마 10만 원도 안 됐다. 남편은 나에게 직접 돈을 주지 않고 이웃 사람을 통해 주기도 했다. 남편이 이웃 부부에게 돈을 맡기면 그 사람들이 30~40만 원을 봉투에 담아서 나에게 주는 식이었다. 한번은 내가 남편과 같이 배를 탔는데 선주가 내가 안돼 보였는지 남편을 설득해서 돈을 주도록 한 적이 있다. 그때 남편이 100만 원 정도 받는다는 걸 알게 됐다. 내가 밭일을 해서 돈을 벌게 되자 남편은 뱃일이 들어와도 일을 안 나가기 시작했고 당연히 남편이 벌어다 주는 돈도 없어졌다.

남편은 집안 살림이 어떻게 돌아가는지 전혀 관심이 없었다. 가끔 뱃일을 마치고 돌아올 때 생선 몇 마리를 가져오거나 마음 내킬 때 과일 같은 것을 사오는 게 전부였다. 게다가 남편은 없는 형편인데도 자주 택시를 타고 다녀서 그 돈도 만만치 않게 들었다. 내가 모르는 새에 식당이나 옆집 사람들에게 빚을 지고 다녀서 그것까지 갚아주면 정말 남는 돈이 없었다.

이렇게 남편이 어쩌다 주는 돈과 내가 밭에 나가 번 돈을 합쳐서 살림을 했다. 생활비와 집세, 공과금, 그리고 아이가 태어난 후로는 분윳값이며 기저귀값까지 다 이 돈으로 해결했다. 아이가 태어나자 돈 들 곳은 더 많아지는데 수입은 늘지 않으니 아이에게 나오는 정부지원금까지 보태서 겨우겨우 버티며 살았다. 어떨 때는 제대로 밥을 챙겨 먹는 것도 버거웠다. 맨밥에 달걀과 간장만 비벼서 끼니를 때우기도 했고 하루 종일 굶은 적도 있었다.

이 와중에 시누이는 남편이 조금이라도 내게 돈을 주면 얼마를 받았느냐고 꼬치꼬치 캐묻고는 몇 만 원씩 빌려갔다. 말로는 빌려간다고 했지만 갚은 적은 한 번도 없었다. 내가 한국에 온 지 얼마 되지 않아 양파밭에 나가 이틀 동안 일하고 10만 원을 받았는데, 이 돈도 시누이가 가로채갔다.

형편이 이런데도 남편은 시누이와 함께 근처 도시에 나가기만 하면 차에 한가득 물건을 싣고 돌아왔다. 이것저것 값비싼 먹을거리며 아이 기저귀 같은 것들도 사왔는데, 기저귀는 시조카에게 줄 것이라고 했다. 시누이뿐 아니라 이웃 사람들에게도 이것저것 사다줬다. 그러면서도 남편은 정작 자기 딸을 위해서는 아무것도 사오지 않았다.

사정이 이러하니 생계를 꾸려가기 위해서는 내가 일을 하는 수밖에 없었다. 내 사정을 딱히 여긴 동네 할머니들이 5,000원이라도 벌 수 있는 일거리가 생기면 나를 불러주었다. 할머니들은 평소에도 먹을 것이며 옷이나 신발 같은 걸 가져다주었다. 무밭에 비료를 뿌리면 하루에 5,000원을 받았고, 고추밭에 나가 비닐을 씌우고 고추를 심으면 만 원에서 2만 원, 밭 매는 일을 하면 3만 원을 받았다. 땅을 파는 일이건 토마토를 따는 일이건 이웃 사람들이 와서 일하라고 하면 무슨 일이든 했다. 밭일은 익숙하지 않아서인지 한 번 나갔다 오면 몸이 천근만근이었다. 비료 포대는 너무 무거웠고 그걸 나르다보면 손목이며 허리며 안 아픈 곳이 없었다.

당시 동네에서 일할 때는 당장 돈이 급해서 돈을 제대로 받고 있는 건지 아닌지 찬찬히 생각해볼 겨를이 없었다. 그런데 쉼터에 오고 내가 직접 돈을 벌어보니 그동안 일한 것에 비해 품삯을 너무 적게 받은 것은 아닌가 하는 의심이 든다. 한국에서는 한국인보다 월급을 덜 주기 위해 이주노동자들을 들여오고 있는데, 나도 외국에서 왔다는 이유로 동네 사람들에게 그런 대우를 받은 게 아닌가 싶다.

내게 힘이 되어준 사람들

내가 한국에 와서 그나마 기댈 수 있는 사람은 시아버지와 옆집에 사는 언니였다. 시아버지는 나를 무척이나 예뻐라 하셨고, 나도 시아버지를 친근하게 느껴 많이 좋아했다. 체류 연장 신청을 하러 출입국관리사무소에 갈 때도 시아버지가 데려다주었고, 가끔 옷이나 전화카드를 선물받기도 했다. 나는 시아버지와 함께 일 나갈 때가 가장 행복했다. 종종 시아버지와 부두에 나가 낚싯바늘을 손질하는 일을 했다. 낡은 낚싯바늘을 새것으로 갈아 끼우는 일이었는데, 한 시간 일하면 3,000원 조금 넘게 벌 수 있었다. 나는 이일이 처음인지라 영 손에 익질 않았는데, 그러면 시아버지가 내 것까지 손질을 하고 그 돈을 나에게 주었다. 나는 허리가 좋지 않은 시아버지 대신 낚싯바늘이 들어 있는 바구니를 날랐다. 임신한 지한 달 정도 지나 일을 나간 터라 몸도 힘들고 돈을 많이 벌지도 못했지만, 시아버지가 옆에서 나를 챙겨준다는 것만으로도 고마웠다. 그래서 일을 마치면 시아버지를 마사지해드리기도 하고 병원에 모시고 가기도 했다.

옆집 언니는 내가 한국에 온 지 얼마 되지 않아 심하게 감기에 걸렸을 때 도움을 받고 친해졌다. 남편은 뱃일을 나가 집에 없었고 시누이와 조카들은 내게 신경을 써주지 않았다. 집에서 나 혼자 끙끙 앓고 있었는데 그 언니가 나를 병원에 데려다주고 그 후에도 이 것저것 챙겨주었다. 내가 산부인과에 치료받으러 갈 때도 언니가 함께 가주었다. 반면 시누이는 내가 몸이 아플 때면 병원에 갈 필요가 없다는 말만 되풀이했다. 옆집 언니는 나를 자기 집에 데려가서 밥을 챙겨주기도 하고, 한국어를 공부할 수 있도록 책을 사주기도 했다. 고마운 마음에 언니네 토마토 농사를 돕기도 했는데, 일이 힘들긴 했지만 그보다는 즐거움이 더 컸다.

남편과 시집 식구들의 폭력은 끔찍했다

나는 지금 이주여성쉼터에 와 있다. 사실 쉼터에 온 것이 이번이 처음은 아니다. 긴급 쉼터에는 몇 번이나 갔었고, 이번처럼 오랫동안 머무를 수 있는 쉼터에 온 것도 한국에 온 지 10개월째 되었을 때 처음 온 후로 벌써 세 번째다. 쉼터에 여러 번 왔어도 매번 '상황이 나아지겠지'라고 생각하며 집으로 돌아갔다. 하지만 남편과 시집 식구들의 폭력은 줄어들지 않았다.

남편과 시집 식구들이 폭력을 휘두른 것은 내가 한국에 온 지 한 달이 지나서부터였다. 가장 먼저 나를 때린 건 시조카였고, 조금 지나자 시누이가 가세했다. 남편은 내 말은 듣지도 않고 시누이와 조카들이 한 이야기만 믿었고, 시누이를 만나고만 오면 나를 심하게 때렸다. 딸아이가 태어난 후에도 폭력은 계속됐다. 한번은 내가 아이를 안고 있는데도 시누이가 나를 때렸는데, 남편은 옆에서 지켜보기만 했다. 남편에게 맞아서 병원에 간 것도 수차례였고, 어떤 때는 병원에서 나를 불쌍히 여겨 돈을 안 받기도 했다. 집에서 나가라고 하면서 자주 때렸지만 아이를 놓고 나올 수는 없었기에 참고 지낼 수밖에 없었다.

이번에 쉼터에 오게 된 것도 시누이가 나더러 집에서 나가라고 하면서 죽일 듯이 달려들었기 때문이다. 시누이가 나를 때리기 시작하자 동네 사람 셋이 달라붙어 시누이를 말렸지만, 시누이는 계속 나를 위협했다. 나는 옷도 신발도 챙기지 못한 채 이제 갓 16개월 된 아이를 들쳐 안고 집 밖으로 도망쳤다. 시누이가 계속 쫓아왔지만 다행히 길가에 있는 식당 주인이 재빨리 나를 숨겨주었다. 그리고 누군가 경찰에 신고했는지 쉼터에 올 수 있었다.

사랑하는 딸과 함께하는 행복한 삶을 꿈꾸며

내가 한국에 오면서 품었던 '다른 삶을 살고 싶다'는 바람은 그리 거창한 것이 아니었다. 내가 바랐던 것은 남편과 아이와 함께 행복하게 사는 것뿐이었다. 서로 아껴주고 사랑하며 사는 것이 그렇게 어려운 일인 걸까. 쉼터에 막 왔을 때에는 나에게 행복이라는 것이 전혀 없는 것 같았다. 경제적으로도 힘들었지만 시집 식구들의 괴롭힘과 폭력 때문에 정신적으로 너무나 힘들었다. 그래도 당장 남편과 헤어질 생각은 아니었다. 남편과 시집 식구들은 나를 못 살게 굴고 시도 때도 없이 때렸지만 응당한 처벌을 받고 진심으로 내게 사과한다면, 그리고 남편이 더는 시누이나 주변 사람들의 말만 믿고 나를 의심하거나 때리지 않겠다고 맹세한다면, 딸과 함께 집으로 돌아갈 생각이었다. 사실 지금도 딸을 보고 있노라면 가끔 남편이 생각난다. 그렇지만 남편과 시누이가 나를 때리고 힘들게 했던 것을 생각하면 집으로 돌아가는 것이 너무나 두렵다. 어떤 때는 집에 가면 나와 딸이 죽을 수 있겠다는 생각도 든다. 그렇다고 쉽게 이혼을 결심할 수는 없다. 나는 지금 제대로 된 집도, 직업도 없는데 이 상태로 이혼한다면 남편이 딸아이를 데려갈 수도 있다. 혹시라도 딸아이와 함께 살지 못하게 된다면 그 슬픔을 이겨내지 못할 것이다.

다행히 예전에 조금씩 모아둔 돈이 쉼터에서 지내는 데 큰 도움이 되고 있다. 베트남에 있을 때 돈을 많이 벌지 못해도 가족에게 얼마라도 보내주기 위해 아껴 쓰고 저금을 했었다. 내가 집안 살림을 다 꾸려가는데도 남편은 돈을 거의 주지 않았지만 가끔 주는 그 적은 돈을 아끼고 아껴서 남겼다. 그리고 가끔 친척들과 동네 사람들이 딸아이에게 준 용돈, 동네에서 밭일을 하거나 시아버지와 함께 낚싯바늘 정리하는 일을 하면서 번 돈을 차곡차곡 통장에 모아두었다. 그나마 좀 큰돈을 벌어본 것은 남편과 함께 미역과 톳을 따는 일을 하러 가서였다. 바닷가에 있는 미끄러운 바위를 타고 다니며 해야 하는 일이라 위험하긴 했지만, 며칠 일을 하니 꽤 많은 돈을 받을 수 있었다. 처음에는 생활비에 보태려고 돈을 모으기 시작했지만, 시집 식구들에게 얻어맞고 쉼터를 오가다보니 혹시라도 내가 집에서 나오게 됐을 때, 아니 집에서 탈출하게 됐을 때 돈이 있어야 한다는 생각이 들었다. 이렇게 지난 5년 동안 모은 돈은 겨우 200만 원 정도이다. 그래도 지금 쉼터에서 딸과 함께 생활하는 데 요긴하게 사용하고 있다.

얼마 전부터는 식당에서 일을 시작하면서 마음이 조금 편해졌다. 식당 청소에 설거지, 음식 재료 다듬는 일까지 다 하느라 몸은 힘들지만, 내가 번 돈으로 베트남에 계신 어머니, 아버지를 돕고 딸에게 과자 한 봉지, 옷 한 벌이라도 사줄 수 있어서 마음만은 행복하다. 한국에 온 후로 한 번도 베트남에 가지 못해서 늘 고향에 있는 가족들이 그리운데, 작년에는 부모님이 두 분 다 수술을 받고 입원과 퇴원을 반복하셔서 더욱 마음이 아프다. 어머니는 작년까지만 해도 먹는 것도 걷는 것도 제대로 못하셨는데, 남아 있는 가족들이 잘 챙겨줘서 지금은 상태가 좀 나아지셨다. 곁에서 돌봐드리지 못하는 아쉬움을 그나마 치료비를 보태는 것으로 달래고 있다.

지금 내가 바라는 것은 그저 평범한 삶이다. 내 딸을 돌보며 즐겁고 행복하게 사는 것, 그리고 내가 돈을 벌어 딸과 부모님을 돌봐야 하는 만큼 딸이 아프지 않고 건강하게 자라주는 것, 이것뿐이다. 아직은 쉼터에서 나가면 어떻게 살아야 할지 막막하지만 그

래도 남편과 함께 살 때보다는 더 나은 삶이 펼쳐지지 않을까 생
각한다.

모순의
집합

강혜숙 | 전 대구이주여성인권센터 대표
허오영숙 | 한국이주여성인권센터 상임대표

국제결혼은 어떻게 이루어지는가

전 세계에서 가장 '세계화'되었고 경제적으로도 가장 역동적인 지역인 아시아의 수많은 여성들이 자발적으로 혹은 강제적으로 국가의 경계를 오가면서 고향에서보다 더 나은 삶을 살기 위하여 이동한다. 우리나라의 귀화자를 포함한 결혼이주민의 수는 2007년 약 12만 명에서 2016년 약 27만 명으로 지난 10년간 두 배 이상 증가했다. 결혼이주민 가운데 여성이 전체의 85퍼센트로 절대 다수를 차지하고 있다.

2000년대 이후 급증한 국제결혼은 국제결혼 중개업체를 통한 경우가 많다. 초반에는 국제결혼의 대부분이 중개업에 의해 이루어졌다고 해도 과언이 아니었다. 국제결혼 중개업체들은 더 많은 남성 고객을 유치하기 위해 선정적인 광고를 무분별하게 진행했다. 성차별적이고 인종차별적인 광고는 결혼이주여성에 대한 편견을 확산시켰고, 가족 구성원으로 인정하는 것을 어렵게 했다.

그러나 중개업 중심의 국제결혼은 이주민이 증가하기 시작하면서 달라지는 양상을 보였다. 2015년 〈전국다문화가족실태조사〉에 따르면 배우자가 있는 결혼이민자·귀화자의 27.4퍼센트가 친구·동료 소개로 배우자를 만났으며, 그다음으로는 스스로 25.0퍼센트, 가족·친척 소개 21.1퍼센트, 결혼 중개업체를 통한 만남은 20.8퍼센트이다. 주목할 것은 결혼 중개업체를 통한 결혼 비율이 도시와 농어촌 지역에 따라, 출신 국가에 따라 유의미한 차이가 있다는 점이다. 같은 조사에서 중개업 결혼은 동부(17.0퍼센트)보다 읍면부(32.9퍼센트) 거주자에게서 더 높고, 베트남(56.9퍼센트)과 그 외 동남아 국가(43.1퍼센트) 출신자들에게서 높게 나타난다. 한국 출신 남편은 결혼 중개업체를 통해(27.4퍼센트) 만난 경우가 가장 많다.

국제결혼 중개업체를 통한 결혼은 3~6일 동안에 첫 맞선과 결혼식이 이루어지는 단기·속성 방식이다. 이때 결혼에 수반되는 비용은 평균 1,100만 원을 웃돌고 있으며 한국인 배우자가 전적으로 부담한다(한국소비자원, 2016). 의사소통이 되지 않는 상태에서 단기간에 이루어지는 상업적 속성 결혼 방식은 당사자들에게 결혼에 대한 왜곡된 인식을 만든다. '결혼중개업의 관리에 관한 법률' 제10조의 2항에 따라 결혼 당사자들에게 국제결혼 중개업자는 신상정보 제공의 의무가 있다. 맞선 과정에서 서로의 정보(범죄경력증명서, 건강진단서, 혼인경력, 직업 등)를 서로의 언어로 제공해야 하나 언어적, 경제적, 시간적 제약으로 잘 이루어지지 않고 있다. 그러다보니 국제결혼 당사자들은 배우자에 대해서 거의 알지 못하는 체로 결혼할 수밖에 없다. 마찬가지로 배우자의 경제적 상황에 대해서도 제대로 알기 어렵다. 더 나은 미래와 윤택한 환경을 꿈꾸었던 이주여성이 한국으로 와서도 여전히 빈곤에 직면할 가능성이 있음을 인식하지 못할 수 있다.

2014년 4월부터 개정, 적용된 출입국관리법 시행규칙 9조 5항의 결혼·동거 목적의 사증(비자) 발급 기준은 기존보다 강화된 내용을 담고 있다. 시행규칙에서 제시한 8개 기준 중 2개 기준이 한국인 배우자의 경제적 조건에 대한 내용이다. 5-4항은 "'국민기초생활 보장법' 제2조제11호에 따른 기준 중위소득을 고려하여 법무부 장관이 매년 정하여 고시하는 소득 요건을 충족하였는지 여부"를, 5-7항은 '부부가 함께 지속적으로 거주할 수 있는 정상적인 주거 공간의 확보' 여부를 기준으로 제시하는데, 이때 "고시원, 모텔, 비닐하우스 등 일반적으로 부부가 함께 지속적으로 거주할 수 있는 장소로 보기 어려운 곳은 정상적인 주거 공간이 확보된 것으로 보지 아니한다"라고 구체적으로 명시하고 있다. 시행규칙이 개정되기 전에는 살 곳이 없어도, 소득이 전혀 없어도 국제결혼을 할 수 있었다는 것을 의미한다. 따라서 최소한의 결혼생활 유지가 어려운 상태의 경제적 여건도 심심치 않게 있었음을 시사한다.

실제로 경제적으로 중하층 남성이 국제결혼을 선택한 경우가 많아 국제결혼 가정의 가구 소득은 한국 평균 가구 소득보다 낮다. 결혼이주여성이 고소득 전문직에 진출하기도 어렵기 때문에 가구

소득이 높아지기 어려운 조건이다. 결혼이주여성 중 취업자 비율은 2009년 36.9퍼센트에서 2012년 53.0퍼센트, 2015년 59.5퍼센트로 증가 추세에 있는데, 이는 2015년 기준 국내 여성 전체 고용률 49.9퍼센트에 비해 10퍼센트가량 높은 것이다. 그러나 취업한 결혼이주여성의 30퍼센트 이상은 단순 노무 업무에 종사하고 있으며, 임시직이나 일용직 형태로 고용된 경우가 과반수를 차지하는 등 고용의 질과 안정성은 떨어지는 것으로 나타났다.

결혼이주여성들의 심각한 생계 문제

이 사례의 이주여성은 베트남에서도, 한국에서도 빈곤에 시달렸다. 실제로 가난한 국가 출신의 여성들이 보다 잘사는 국가로 결혼이주 하는 글로벌 상향혼global hypergamy이 개인적 차원에서는 또 다른 하층계급으로 편입되는 하향혼인 경우가 많다.* 경제적으로 불안정한 남성과 결혼한 결혼이주여성들이 심각한 수준의 생계 문제로 어려움을 겪을 수 있다는 것은 이미 보고되었다.** 기본적인 생계 문제는 가족 갈등의 주요한 원인이 될 수 있다. 한국여성정책연구원의 연구는 국제결혼 가정 내 갈등과 폭력 피해의 발생 요인을 ① 결혼이주여성은 경제적인 이유로 한국인 남성과 결혼하는

---

* Nicole Constable, *Cross-Border Marriage: Gender and Mobility in Transnational Asia*, University of Pennsylvania Press, 2005.
** 김이선 외, 〈다문화가족의 해체문제와 정책과제〉, 한국여성정책연구원, 2010.

경우가 많은데 한국인 남성은 실제로는 무능하거나, 경제적으로 여력이 되더라도 여성의 가족에게 경제적 도움을 주지 않는 경우가 많은 점, ② 부부간 언어와 문화의 격차로 대화가 어려워 불만이 누적되어 있는 점, ③ 자녀 양육에 대한 부부간 문화의 격차가 있다는 점, ④ 부부간 기대의 격차가 존재한다는 점으로 요약한 바 있다.[*]

여기에 경제적 착취를 포함한 가정폭력은 이주여성의 상황을 극단으로 내몬다. 결혼이주여성의 약 69.1퍼센트가 신체적·정서적·경제적·폭력, 성학대, 방임, 통제 등의 가정폭력을 경험한 것으로 조사되었으며, 가정폭력 중 경제적 폭력은 15.3퍼센트를 차지했다.[**] 같은 조사에서 경제적 폭력은 주로 생활비 주지 않기, 동의 없이 재산 처분하기, 수입과 지출 독점하기 등을 많이 경험하는 것으로 나타났다.

이 글의 베트남 여성은 최소한의 존중과 생계유지를 위한 생활비 지원을 빋지 못했다. 자신과 아이가 굶어죽지 않기 위해, 최소한의 생계를 위해 이 여성은 틈틈이 밭일을 하여 생활비를 벌었다. 그렇게 번 알량한 수입마저 남편과 시집 가족들에게 빼앗기곤 했다. 그녀는 쉼터에서 생활하는 지금도 단순 벌이라도 할 수 있도록 일거리를 주었던 동네 사람들에게 고마운 마음을 간직하고 있다. 한계 상황에 있는 그녀에게 일거리를 주고 품삯을 주었던 시골

---

[*] 변화순 외,《결혼이민자 여성의 가정폭력 피해현황과 지원체계 개선방안》, 한국여성정 책연구원, 2008.
[**] 여성가족부,〈2010년 가정폭력 실태조사 제2부〉, 2010.

의 공동체는 분명 고마운 존재임에 틀림없다. 그러나 그녀가 동네에서 받았다는 품삯은 최저임금을 거론할 수조차 없을 만큼 적은 액수였다. 농어촌에서 여성의 일당이 남성에 비해 낮다 하더라도, 익숙하지 않은 일이라 온전한 일당을 받을 만큼의 수준이 아니었다 하더라도 '비료 뿌려 5,000원, 고추밭에 일해 1~2만 원, 풀 뽑아 3만 원'은 하루 노동의 대가 치고는 너무 적었다. 젊은 일손이 부족한 농어촌에서 그녀가 외국인이 아니었다면, 한계 상황에 처하지 않았다면 그 정도 품삯을 받고도 고마움을 느꼈을까? 그런 면에서 그녀의 남편과 시집 가족만이 아니라 딱하다고 일거리를 주고 싼 값에 그녀를 부렸던 동네 사람들도 착한 얼굴의 착취자들이었다.

실제로 결혼이주여성들은 취업을 해도 임금을 적게 받는다. 제조업 분야로 한정한 조사이긴 하지만 결혼이주여성을 포함한 비취업비자 소지 이주여성 노동자의 노동환경이 취업비자 소지 노동자에 비해서 훨씬 열악한 것으로 나타났다. 〈제조업 분야 여성이주노동자 인권상황 실태조사〉에 따르면, 비취업비자 소지 이주여성 노동자는 취업비자 소지 이주여성 노동자[***]에 비해 5인 미만 사업장에서 일하는 비율이 높고 근로계약서 작성 비율은 낮았으며, 임금이 낮고 시간외 수당은 없으며 임금 체불의 경험은 더 많이 겪은 것으로 나타났다.[****] 고용허가제와 같은 취업비자로 들어

[***] 언급된 조사에서 전자는 방문동거(F-1), 거주(F-2), 동반(F-3), 재외동포(F-4), 영주 (F-6), 결혼이민(F-6) 비자 소지자이며 후자는 비전문취업(E-9)과 방문취업(H-2) 비자 소지자이다.

[****] 이화여대 젠더법학연구소, 〈제조어 분야 여성이주노동자 인권상황 실태조사〉, 국가인 권위원회, 2016.

	5인 미만 사업장	근로계약서 작성	월 임금 150만 원 미만	시간 외 수당	임금 체불 경험
취업비자	12.4	83.7	44.2	91.5	13.2
비취업비자	16.3	36.6	65.7	79.1	13.4
귀화자	25.0	37.5	37.5	33.3	16.7

(단위 : 퍼센트)   장명선 외, <제조업 분야 여성이주노동자 인권상황 실태조사: 2016년도 인권상황 실태조사 연구용역보고서>, 국가인권위원회, 2016.

오는 이주여성 노동자보다 결혼이주여성으로서 취업 현장에 있는 외국 출신 여성이 더 열악한 노동조건에 있는 것으로 풀이할 수 있다.

농어촌 거주 이주여성들을 위한 정책 필요

2011년부터 2015년까지 농림어업에 종사하는 남성의 결혼 건수는 전체 2만 5,374건이며 이 가운데 22.7퍼센트에 해당하는 5,764건이 국제결혼이었다. 이 가운데 83.2퍼센트는 읍면 지역에 거주하고 있어 이들 지역의 국제결혼 비중이 높은 것으로 조사됐다.* 이들과 결혼한 이주여성들의 상황은 어떨까? 교통이 불편해 다문화가족지원센터에 가기도 쉽지 않고, 보수적인 농촌의 특성상 기본적인 자유권이 허락되지 않는 경우도 많다. 이처럼 다른 이주민 또는 또래들과의 교류가 여의치 않다보니 본인의 권리와 관련

---

* 〈매년 증가하는 외국인 새댁 숫자가…〉, 《중앙일보》, 2016.9.23.

된 정보 부족이 심할뿐더러 외로움과 고립감을 많이 느끼는 것이 현실이다. 이 글의 이주여성처럼 최소한의 생계유지가 어려울 정도로 경제적 착취에 시달리기도 한다. 아직도 일부 농어촌 지자체에서 인구 감소 방지를 위해 국제결혼을 장려하고, 결혼 비용을 지원하고 있다. 이주여성이 유입으로 인구 감소를 막겠다는 1차적인 시각에서 벗어나 농어촌 지역의 경제 개발, 삶의 질 향상과 같은 근본적인 문제 해결을 통해 정착하고 싶은 농어촌으로 만들어나가는 것이 농어촌 지역의 공동화를 막는 길이다. 더불어 농어촌에 거주하는 이주여성들의 현실에 맞는 정책들이 다각도로 개발되어야 할 것이다.

맞으려고
태어난 사람은
없다

기록 **한가은(레티마이투)**

한국이주여성인권센터 사무국장

꿈이 많았던 나

나는 베트남 북부의 광산 근처에 살았다. 가정형편이 좋지 않아서 다른 형제들이 다 대학교를 다니지 못하는 동안에도, 공부에 열정이 있었던 나는 아르바이트를 하며 대학에 다녔다. 광산 개발에 대한 공부를 하면 돈을 꽤 벌 수 있다는 것을 알았기 때문에 큰마음을 먹고 대학교에 입학했고, 학교를 다니면서 아르바이트도하고 요리사 자격증도 땄다.

대학교 3학년 때쯤, 부모님의 건강이 갑자기 나빠지는 바람에 공부를 뒤로하고 일을 하기 시작했다. 다행히 학교 다니면서 틈틈이 따놓은 요리사 자격증 덕에 나는 곧바로 호텔에 취직할 수 있었다. 버는 돈의 대부분은 부모님께 보냈다.

그러던 어느 날, 한동네에서 살던 이웃집 딸이 한국 사람과 결혼했다는 소식을 들었다. 한국 사람과 결혼하면 평생 남편한테서 사랑을 받고 살 수 있다고 했다. 나도 먼 곳에서 결혼하면 잘 살 수 있을 거라는 생각이 들었고, 이웃 사람들의 말을 믿고 한국 남자를 소개받았다. 남편을 만나 결혼하고 2009년 초에 한국에 왔다. 다른 사람들은 나처럼 국제결혼을 해도 비자가 바로 나오지 않아서 3개월 이상씩 기다려야 했다. 그런데 나는 결혼식을 한지 두 달 만에 한국으로 갈 수 있었다. 한국에 이렇게 빨리 들어가게 되다니, 나는 역시 멀리 시집가는 게 나의 운명이라고 생각했다.

남편은 착하고 성실한 사람이라고 했다

내 남편은 농사일을 하지만 술을 먹지 않으며, 착한 성격에 성실하게 일을 한다고 소개받았다. 이것이 내가 남편과 결혼하기 전에 중매하는 사람에게 들은 남편에 대한 정보의 전부였다. 정말 그 사람의 말을 믿어도 되는지 한 번쯤은 고민이 되었지만 내가 보기에도 남편은 착한 사람처럼 보였다. 결혼 당시에 나는 20대 초반이었고 남편은 50대 초반이었다. 남편과 나이 차이가 많이 나지만 나이 차이가 나는 만큼 남편한테 더 사랑을 받고 살 수 있을 거라고 믿었다. 멀리 시집가면 잘 살 수 있을 것이라 믿었고, 나이가 많은 한국 남편이 나를 더 아껴줄 거라고 생각했다. 나는 그렇게 믿고 한국에 왔다.

짧은 만남 후에 나와 남편은 결혼식을 올렸고, 남편은 곧바로 한국으로 떠났다. 한국에 돌아간 남편은 매일 나에게 전화를 했다. 그때 나는 한국말을 잘 몰라서 남편이 정말 나를 사랑하는 줄로만 알았다. 그러나 짧은 만남 동안에 내가 보았던 그 모습은 남편의 전부가 아니었다. 남편이 술에 취해서 전화한 것이 아닌지 의심이 들기도 했지만 아무도 나에게 그렇다고 말해주지 않았다. 남편이 술에 취해 전화를 했다고 하더라도 베트남과 한국에서 모두 혼인신고를 했기 때문에 나는 한국으로 가겠다는 마음을 굳혔다. 한국으로 가지 않으면 결혼에 실패한 사람이 되고 말 것이고, 베트남에서 혼자 이혼 절차를 밟는 것도 너무 어렵기 때문이었다. 재혼도 쉽지 않을 것이라고 생각했다. 내가 남편에게 진심으로 대하면 남편이 달라질 수 있을 것이라고 믿으며 한국으로 떠났다.

그러나 남편의 모습은 달랐다

한국에 온 지 두 달쯤 되었을 때 임신을 했다. 베트남에서 농사일을 해본 적은 없었지만 시어머니가 농사를 지으셨기 때문에 나는 임신 중에도 어머니를 도와 논밭 일을 했다. 농사일을 해도 수입이 얼마 되지는 않았기 때문에 시동생들이 시어머니에게 용돈을 보내주었고, 나와 시어머니는 수확한 농작물이나 직접 담근 김치 등을 시동생의 가족에게 보내주곤 했다. 임신한 내가 시어머니를 도와 농사일을 하며 시동생들에게 10만 원 20만 원씩 받아서 간신히 생활비로 쓰고 있었는데도, 남편은 농사일은 하지 않은 채 매일 술만 마셨다. 남편에게 나오는 기초생활수급비는 남편의 술값과 택시비로 나가고, 친구에게 빌린 돈을 갚고 나면 다 없어졌다. 남편은 술만 마시면 나에게 큰 소리로 욕을 하며 나가라고 했다. 한밤중에도 나가라고 했다. 내가 한국에 온 지 얼마 되지 않았을 때는 그것이 욕인 줄도 몰랐다. 나중에 한국말을 알고 나서야 남편이 나에게 소리치던 말들이 심한 욕이었음을 알게 되었다. 임신해서 배가 많이 나왔을 때도 옷을 살 돈이 없어 남편의 옷을 빌려 입었다. 그렇지만 괜찮다고 생각했다. 남편이 언젠가는 달라지겠지 하며 기대를 버리지 않았다.

나는 남편의 폭력을 견뎌야 했다

그러나 시간이 아무리 지나도 상황은 나아지지 않았다. 남편은 집에 있는 시간보다 알코올 중독으로 병원에 입원하는 시간이 더 길었다. 남편이 집에 있는 얼마 되지 않는 시간 동안에는 나에게 계속해서 폭력을 행했다. 아이를 출산하고 나서도 남편의 폭력은 지속되었다. 그러나 남편에게 맞은 것은 나에게 중요하지 않았다. 나는 내 가족을 지키고 싶었고, 그래서 남편이 시키는 대로 다 했다. 손빨래를 하라고 하면 손빨래를 하고, 세탁기를 사용하지 말라고 하면 안 하고, 온수를 사용하지 말라고 하면 냉수를 사용했다. 뭐든지 남편이 시키는 대로 따르려고 했다. 주변 사람들이 온수를 사용하지 않으면 나중에 몸이 아플 거라고 했지만 남편이 시키니까 따를 수밖에 없었다. 어찌 해볼 수가 없었다. 술을 마시지 않아도 남편은 이렇게 강요하는 것들이 많았고, 남편이 원하는 대로 모두 따라주는 것은 결코 쉽지 않았다. 아니, 매우 힘들었다.

그래도 아이 때문에 참았다. 나의 가족 때문에 참았다. 시어머니는 나에게 잘해주기는 하시지만 그래도 남편은 시어머니의 아들이었다. 시어머니는 언제나 남편에게 "사랑하는 내 아들, 착한 내 아들" 같은 말만 반복했다. 시어머니는 늘 남편에게 좋은 말을 했고, 나에게는 늘 노력해야 한다고 했다. 시어머니는 언젠가 남편이 바뀔 거라고 말했고, 나도 그럴 거라는 희망을 가졌다. 그때가 되면 나도, 우리 가족도 행복해질 거라고 생각했다.

그렇게 힘든 시간들이 흘러 2010년의 어느 날이었다. 아이와 잠을 자고 있는데, 남편이 술을 먹고 와서 문을 다 잠그더니 나를 깨웠다. 나는 남편이 배가 고파서 밥을 차려달라고 하는 줄 알았다. 그런데 내가 일어나자 남편은 주먹으로 내 머리를 계속해서 때렸다. 머리가 멍해졌다. 정말 두렵고 너무 무서웠다. 큰 소리를 내어 도와달라고, 구해달라고 도움을 요청했지만 아무도 와주지 않았다. 잘 안 들렸는지도 모르겠다. 가까이 사는 시어머니에게 전화를 했고 시어머니가 집으로 오셨지만 시어머니는 내게 참으라고만 했다. 뒤늦게 온 경찰도 화해만을 권하고 돌아가버렸다. 어느 날은 허리띠로 내 목을 졸랐다. 친구의 집에 놀러 갔다는 이유로 남편한테 맞아서 병원에 입원한 적도 있었다.

남편에게 맞으면서도 가족들이 걱정할까봐 베트남 친정에는 아무런 말도 하지 못했다. 혼자서 참아냈다. 그런데 친정어머니가 나의 산후조리를 돕기 위해 한국에 오셨다가 그동안 내가 계속 맞고 살았던 것을 알게 되었다. 친정어머니는 내가 남편한테 계속 맞다가 죽을까봐 걱정이 되어서 많이 우셨다. 그리고 나한테 아이를 데리고 도망가라고 했다. 나는 아이 때문에 망설여졌다. 그러나 날이 갈수록 남편의 폭력이 점점 심해졌다. 남편은 아이의 장난감을 집어던지며 큰 소리를 쳤고, 아이까지 때리기 시작했다. 나는 결국 아이를 데리고 베트남으로 피했다. 그 당시만 해도 나는 베트남으로 도망가는 것 외에는 폭력적인 남편으로부터 벗어날 수 있는 다른 방법이 떠오르지 않았다. 집을 떠나는 것이 내가 할 수 있는 최선의 선택이었다. 아이를 데리고 베트남으로 간다는 것은.

베트남과 한국을 오가며 생활하다

그런데 남편의 폭행으로부터 벗어나 막상 베트남에 도착하니 또 다른 어려움이 기다리고 있었다. 여자 혼자서 남편 없이 베트남에서 아이를 양육하는 것이 쉽지 않았기 때문이다. 그래서 베트남에 간 지 반년도 지나지 않아 아이를 친정어머니에게 맡기고 한국으로 돌아왔다. 예전에 경기도에 사는 아는 친구가 ○○에 가면 일자리가 많다는 이야기를 해주었던 것이 기억났다. 그 친구와 연락이 끊겼지만 나는 일자리를 구하기 위해 공항에서 그곳까지 무작정 찾아갔다. 밤에는 찜질방에서 자고, 낮에는 일을 찾으러 다녔다. 며칠이 걸려서 어렵게 음식을 포장하는 플라스틱 공장에 취직

했다. 플라스틱이 뜨거웠지만 작업복은 없었다. 뜨거워서 손이 데인 적이 많았다. 버는 돈은 아이의 양육비를 위해 베트남으로 송금했다.

아이가 아파서 한국과 베트남을 왔다 갔다 하며 돈을 버는 동안 남편은 계속 재결합을 하자고 했다. 남편이 잘해주겠다고 해서 나는 아이를 위해서라도 남편을 믿어보기로 하고 집으로 돌아갔다. 그러나 집으로 돌아간 지 하루 만에 남편은 다시 칼을 들고 나를 살지도 못하고 죽지도 못하게 만들겠다며 협박했다. 남편은 주변 친구들의 말을 듣고 내 여권도 숨겨버렸다. 그래서 나는 또다시 집을 나올 수밖에 없었다. 이번에는 XX에 가서 일을 했다. 비록 살기 위해 집은 나왔지만, XX에서 일을 하면서도 시어머니에게는 계속 전화를 드리고 용돈을 보내드렸다. 그러다가 시어머니의 건강이 점점 나빠졌고 아이를 많이 보고 싶어 하셨다. 남편 역시 베트남에 가서 아이를 데려오게 해달라고, 다시 나를 때리지 않겠다고 약속했다. 나는 또다시 남편의 그 말을 믿었다. 그리고 친정어머니에게 남편이 아이를 데려갈 수 있게 해달라고 말해두었다.

다시는 때리지 않겠다는 남편의 약속을 믿으려고 했지만 불안한 마음을 떨쳐버리기 힘들었다. 그래서 남편이 아이를 키우는 동안에도 나는 XX에서 계속 일을 했다. 그러던 중 형부가 갑자기 돌아가셔서 장례식을 치르러 베트남으로 갔다. 장례를 마치고 나서 남편과 재결합을 해야겠다고 마음먹었다. 한국으로 돌아오기 위해 비행기 티켓을 구매하고 공항까지 갔다. 그러나 나는 한국으로 입국할 수 없었다. 외국인등록증의 기간이 만료됐기 때문이다.

그렇게 한국으로 돌아오지 못한 채 베트남에서 2년의 시간이 지났다. 아이가 보고 싶어 남편에게 신원보증으로 재초청을 해달라고 부탁했지만 남편은 들은 척도 하지 않았다. 게다가 남편이 병원에 입원하는 기간이 점점 더 길어졌고, 신원을 보증할 수 있는 경제적 자격도 되지 못하기 때문에 나를 초청할 수 없었다.

내가 한국에 오지 못하는 동안 시어머니가 돌아가셨다. 나는 그 소식을 듣고 마음이 무척 아팠다. 시동생이 여러 방면으로 노력해준 덕에 나는 2015년에 드디어 한국에 올 수 있었다. 다시 한 번 행복한 삶을 꿈꾸었으나 이번에도 그 다짐은 며칠 가지 않았다. 남편은 또다시 나를 폭행했다. 시동생은 결국 남편을 다시 병원에 입원시켰고, 남편이 나올 날이 다가오자 아이를 데리고 숨으라고, 머물 수 있는 곳을 찾아서 도망가라고 했다. 시동생이 불러준 경찰의 도움으로 나는 아이와 함께 이주여성쉼터에 입소하게 되었다.

아이와 한국에 남기로 했다

쉼터에 온 이후로 나는 한국어를 열심히 공부하면서 국적 신청을 계획하고 있다. 아이를 한국에서 양육하려면 한국 국적이 있어야 수월하기 때문이다. 내가 베트남으로 돌아가겠다고 하면 친정 가족은 언제든 돌아오라고 할 것이다. 그러나 나는 베트남에 돌아갈 생각이 없다. 베트남에서 여자 혼자 아이를 양육하는 것이 결코 쉽지 않은 데다가, 아이는 외국인 신분이어서 비자 발급도 받아야 하고 계속 체류 연장을 해야 하는 불편함도 있기 때문이다. 남편 역시 아이를 베트남으로 보내는 것에 동의하지 않았다. 사실 한국이 아이를 기르는 환경이 더 낫기도 하고, 아이를 기르는 데 여러 가지 지원을 더 받을 수 있기 때문에 나는 아이와 함께 한국에 남기로 했다. 제과·제빵 같은 기술을 배울까 싶기도 하고, 베트남에서 가이드를 해본 경험이 있기 때문에 관광업을 공부해서 관광가이드를 해볼까 싶기도 하다. 적성에 맞기만 하면 무슨 일이든 가리지 않고 해볼 생각이다. 아이에게는 그래도 아버지가 필요하다고 생각하기 때문에 이혼은 나중 일로 미뤄두기로 했다. 지금은 우선 시동생의 도움을 일부 받아 자녀를 잘 양육하고 싶다.

한국의
가정폭력 실태와
과제

송란희 | 한국여성의전화 사무처장

폭력과 차별을 인내해야 했던 여성들

결론부터 이야기하자면 이렇다. 선주민의 가정폭력 문제도 해결하지 못하는 국가가 결혼이주여성의 가정폭력 문제를 해결할 수 있겠는가. 결혼이주여성을 '특별히' 대하라는 게 아니라 실제로 한국 정부가 가정폭력 문제 자체에 너무나도 무능하기 때문이다. 한국에서의 가정폭력은 1983년 한국여성의전화가 특히 '아내'에 대한 폭력 문제 해결을 촉구하며 등장함으로써 본격적으로 가시화되기 시작했다. "내 이야기를 책으로 쓰면 대하소설감이다"로 시작되는 여성들의 이야기, 사실상 폭력과 차별을 '인내'해야 했던 이야기가 '상담 창구'를 매개로 공론의 장에 오른 것이다. 이후 한국여성의전화는 1987년 가정폭력 피해 여성을 위한 긴급피난처인 '쉼터'를 열었으며, 가정폭력이 범죄임을 분명히 하는 동시

에 국가의 책임을 명확히 하고 가해자 처벌 및 피해자 인권 보장을
골자로 하는 가정폭력처벌법 제정 운동에 돌입했다. 그 결과 1997
년 가정폭력 범죄의 처벌 등에 관한 특례법과 가정폭력 방지 및 피
해자 보호 등에 관한 법률이 제정되기에 이르렀다.

가정폭력은 왜 범죄로 다뤄지지 않는가

그 후 20년이 흘렀다. 그러나 현장에서 가정폭력 피해자를 지
원하다보면 가정폭력이 줄어들고 있는가, 가정폭력은 과연 '범죄'
로 다뤄지고 있는가를 묻지 않을 수 없다. 현행 법률은 가정폭력을
'가정 구성원 사이의 신체적, 정신적 또는 재산상 피해를 수반하는
행위'로 정의하고 있다. 이를 기반으로 3년마다 실시되는 〈전국가
정폭력실태조사〉에 따르면 가정폭력을 경험하는 비율은 2004년
44.6퍼센트, 2007년 40.3퍼센드, 2010년 53.8퍼센트, 2013년 45.5
퍼센트로 두 집 건너 한 집 수준에서 큰 변화를 보이지 않고 있다.

한국여성의전화가 2016년 1월 1일부터 12월 31일까지 언론
에 보도된 살인 사건을 분석한 결과에 따르면, 2016년 한 해 동안
남편이나 애인 등 친밀한 관계에 있는 남성에 의해 살해당한 여성
은 최소 82명, 살인미수로 살아남은 여성은 최소 105명으로 나타
났다. 또한 피해 여성의 자녀나 부모, 친구 등 주변인이 중상을 입
거나 생명을 잃은 경우도 최소 51명에 달했다. 이는 언론에 보도된
살인 사건만을 분석한 결과이기 때문에 실제로 언론에 보도되지

않는 사건을 포함하면 혼인이나 교제 관계에 있거나 있었던 남성에 의해 살해당하는 여성의 수는 훨씬 많을 것으로 예상된다.

이렇게 가정폭력을 경험하는 비율의 가시적 변화가 없음에도 가정폭력이 '범죄'로 다뤄지는 비율은 해마다 낮아진다. 경찰청의 가정폭력 검거 건수를 보면 가정폭력방지법 시행 이후 2003년까지는 증가세를 보이다가 이후 2012년까지 감소세를 보이고 있는 것을 발견할 수 있다. 이는 법률 시행 초기에 기대했던 바가 집행 과정에서 제대로 실현되지 않았다는 것을 보여주는 것이다. 2013년 전국가정폭력실태조사에 의하면 가정폭력 피해자가 경찰에 도움을 요청한 비율은 1.3퍼센트에 그치고 있는데, '폭력이 심각하지 않다고 생각해서' '집안일이 알려지는 것이 창피해서' '배우자를 차마 신고할 수 없어서' 등과 같은 이유를 들며 대부분 폭력에 대한 높은 허용도와 가정폭력에 대한 통념 때문에 신고하지 않는 것으로 나타났다. 그리고 '신고해도 소용이 없을 것 같아서'라는 응답도 네 번째로 많았다.

가정폭력 연도별 검거 건수

연도	1998년 하반기	1999	2000	2001	2002	2003
검거 건수	3,687	11,850	12,983	14,585	15,151	16,408
연도	2004	2005	2006	2007	2008	2009
검거 건수	13,770	11,595	11,471	11,744	11,461	11,025
연도	2010	2011	2012	2013	2014	2015
검거 건수	7,359	6,848	8,762	16,785	17,557	40,822

자료: 경찰청

2013년부터 검거 건수가 반등된 것은 가정폭력이 급작스럽게 늘었다기보다는 박근혜 정부가 가정폭력을 '4대 악'으로 규정한 것이 변수로 추정되는데, 결과적으로 이는 가정폭력 문제 해결에 정부의 의지가 매우 중요하다는 것을 보여준다. 그러나 신고자에 대한 경찰의 대응에 따라 가정폭력에 대한 신고는 더욱 증가할 수도 있고 다시 감소할 수도 있는 문제이므로, 향후 몇 년간 추이를 지속적으로 살펴봐야 할 것이다.

그러나 검거 건수보다 더 심각한 것은 이후의 처분 결과이다. 2014년 법무부 여성통계에 따르면, 접수된 총 1만 9,561건의 사건 중 기소조차 되지 않는 경우가 약 60.4퍼센트(1만 1,820건)에 이르며, 가정보호 사건으로 송치되는 비율은 약 24.1퍼센트(4,706건), 기소율은 15.1퍼센트에 불과하다. 기소된 사건 중 재판에 회부되는 것은 5.7퍼센트, 그나마 구속 상태에서 재판을 받는 비율은 1.7퍼센트에 그치고 있다. 〈전국가정폭력실태조사〉에서 경찰에 도움을 요청한 비율이 고작 1.3퍼센트에 불과하다는 것을 감안하면 실상 한국에서 가정폭력은 거의 사법체계 안에서 다뤄지지 않는다고 보는 것이 정확하다. 다시 말해, 두 통계를 단순 교차했을 때 1만 명이 가정폭력 피해를 입었다면 그중 130명만 신고를 하고, 그중 7명만 재판에 회부되며, 그중 단 1명만 구속된 상태에서 재판을 받는다는 것이다.

가정폭력의 핵심은 상대에 대한 '통제'

본 글의 베트남 여성 사례도 이와 같은 한국의 가정폭력 실태의 연장선상에 있다. 다만 조금 다른 것은 결혼이주여성의 가정폭력 실태에 대해 공개된 것이 별로 없다는 것 정도일 뿐이다. 한국이주여성인권센터가 집계한 바에 따르면 2007년부터 2017년까지 가정폭력으로 살해당한 결혼이주여성은 모두 20명이다.

기존의 선주민 중심의 범죄통계 또한 분절적으로 나타나 있어 하나의 사건이 종국에는 어떻게 처분을 받는지 알 수 없고, 일반인이 아닌 피해자만 별도로 특정해 조사한 결과도 공개되지 않아 자세한 실태를 알 수 없다. 더군다나 결혼이주여성에 대한 공식적 실태조사는 2010년에 멈춰 있다. 당시 통계를 보면 응답자의 69.1퍼센트가 지난 1년간 신체적, 정서적, 경제적 폭력, 성학대, 방임 등의 피해를 입었다고 답하고 있다. 이는 당시 선주민 응답 53.8퍼센트보다 높은 것으로 이주여성 가정폭력이 더 심각하다는 것을 잘 보여준다.

가정폭력의 핵심적 특징은 상대에 대한 '통제'에 있다. 그야말로 상대를 소유물로 여기고 가해자의 마음대로 하려는 것인데, 신체적 폭력 등을 수반할 수도 있고 그렇지 않을 수도 있다. 다시 말해, 통제를 강화하기 위해 어떤 종류의 폭력을 쓰느냐 마느냐 정도의 차이만 있다는 것이다.

"나는 내 가족을 지키고 싶었고, 그래서 남편에게 맞은 것은 나에게 중요하지 않았다. 남편이 시키는 것은 다 했다. 손빨래를 하라고 하면 손빨래를 하고, 세탁기를 사용하지 말라고 하면 안 하고, 온수를 사용하지 말라고 하면 냉수를 사용했다. 뭐든지 남편이 시키는 대로 따르려고 했다."

본 사례의 베트남 여성 또한 이러한 통제하에 있었다. 더군다나 이 여성을 한국에 체류하게 할 수 있는 권한까지 남편에게 있었다. 통제가 무서운 것은 여성의 역할, 아내의 역할, 엄마의 역할, 며느리의 역할 등 사회적 성역할로 포장되는 경우가 많고, 그 내용 또한 사소해 보여 그 심각성을 피해자가 알기 어렵다는 데 있다. 그러나 통제는 본 사례처럼 살인미수에 이르는 폭력 피해로까지 이어질 수 있다.

한편, 보통 가정폭력의 원인을 가해자의 알코올 문제로 생각하는 경향이 있다. 그러나 가정폭력의 70퍼센트 이상은 술을 마시지 않은 상태에서 발생하며, 술을 마시고 폭력을 한다고 했을 때에도 술 때문이라기보다는 폭력 행위를 하기 위해 술을 마셨다는 해석이 더 합리적이다. 알다시피 폭력은 누구에게도 허용되는 것이 아닌 데다가, 우리 사회가 술로 인해 저지르는 범죄에 대해 관대하기 때문이다. 사례의 가해자는 알코올 중독 문제가 심각했던 것으로 보이지만, 그럼에도 불구하고 "술을 마시지 않아도 남편은 이렇게 강요하는 것들이 많았고, 남편이 원하는 대로 모두 따라주는 것은 결코 쉽지 않았다"고 증언하는 피해자의 이야기를 살펴봤을 때 이 사례도 예외는 아니다.

가정폭력 문제의 해결은 가해 행위에 대한 확실한 처벌과 피해자에 대한 강력한 인권 보장, 가정폭력에 대한 사회적 인식 개선이 고루 이루어져야 가능하다. 그러나 이 사례의 경우 몇 번의 경찰 신고가 있었으나 화해를 종용하거나 벌금형에 그치는 등 처벌이 제대로 되지 않았고, 이는 피해자에게는 사법 처리에 대한 불신을 강화하는 동시에 가해자에게는 가정폭력을 허용하는 신호로 읽혔을 것이다. 결국 폭력은 더욱 심화되고 말았다. 다행히도 나중에는 피해자가 이주여성쉼터로 연계되었지만 초기에 피해자 지원 체계와 연계되지 않은 것 역시 피해자가 더 큰 피해를 받게 된 주요한 요인이었다.

그 일은 결코 사소한 문제가 아니다

모든 문제의 해결은 직면하면서 시작된다. 그래야 문제를 정확히 파악할 수 있기 때문이다. 그러나 우리 사회는 결혼이주여성에 대한 가정폭력 실태가 어떠한지 정확히 파악하지 못하고 있다. 〈전국가정폭력실태조사〉에서 결혼이주여성에 대한 조사는 부가 조사로만 이뤄지고 있고, 이마저도 제대로 공개되지 않고 있다. 또한 사법 처리 결과도 선주민 여성과 마찬가지로 정확히 알 수 없다. 한편, 가정폭력 피해자에게는 전문적인 상담과 촘촘한 연계가 세심하게 이뤄져야 한다. 그러나 정부는 이주여성긴급전화를 다누리콜센터와 통합하여 전문성을 약화시키고, 범죄 문제를 일반 생활상담의 문제 정도로 취급하고 있다. 문제가 정확히 가시화될 때까지 만이라도 이주여성의 특성을 고려해 전문적 상담이 제공되는 이주여성 전담 가정폭력상담소가 필요한 이유다. 또한 2015년 〈전국다문화가정실태조사〉에 의하면 결혼이주여성 30퍼센트 이상이 도움을 요청하거나 의논할 상대가 없는 것으로 나타났다. 가정폭력에 있어 '통제'가 결과적으로 피해자의 '고립'을 가져온다고 했을 때, 결혼이주여성이 고립되지 않도록 사회적 관계를 확장할 수 있는 민간 자원의 활성화도 적극 모색해야 한다. 여기에는 결혼이주여성이 전적으로 선주민 남편에게 의존해서만 한국에서 생활할 수 있도록 하는 제도의 개선도 당연히 수반되어야 할 것이다.

"내가 남편에게 진심으로 대하면 그 사람이 달라질 수 있을 것이다."

이 사례의 여성이 남편의 폭력성을 마주하고 스스로 다짐한 것이다. 이는 선주민 여성이라고 다르지 않다. 그러나 가정폭력은 결코 피해자 개인의 결심과 노력으로 해결되지 않는다. 개인의 문제가 아니며, '사소한' 문제가 아니기 때문이다. 서두에 썼듯 선주민의 가정폭력 문제를 해결하지 못하는 국가는 결혼이주여성의 가정폭력 문제 또한 해결하지 못한다. 문재인 정부에서는 여성에 대한 폭력 문제를 해결해야 할 주요한 과제로 삼았다고 한다. 이 과정에서 이주여성의 가정폭력 문제 또한 소외되지 않기를 바란다.

내 딸을
떠나보내야
했다

기록 **한가은(레티마이투)**

한국이주여성인권센터 사무국장

나는 늘 한국에 오고 싶었다. 한국에는 먼저 결혼해서 살고 있는 친언니가 있었기 때문이다. 나는 결혼하기 전 국제결혼 중개업체로부터 남편에 관해 이야기를 들었다. 남편은 자동차 부품 공장에서 일을 하고 있으며 한 달 급여가 2,500달러라고 했다. 그리고 남편은 한 번 중국 여성과 결혼했지만 남편 가족들로 인해 이혼을 했다고 했다. 남편의 가족들이 남편과 여성을 이혼시킨 이유는 여성이 돈 벌러 한국에 왔다고 생각했기 때문이라고 했다. 남편은 시부모님과 결혼한 시누이가 있지만 따로 살고 있다고 했다. 나는 조금 걱정이 되긴 했지만 그래도 내가 잘하면 될 거라 생각했다.

　　나는 2011년 결혼해서 한국에 입국했다. 남편은 시부모님과 시누이와 따로 살고 있기는 했으나 매일 시부모님의 집에 가서 청소하고 빨래를 하는 등 우리 집과 시집을 오가며 살림을 해야 했다. 한국의 음식, 기후, 교통 등은 내가 살았던 베트남과는 너무나

달라서 초기에 적응하는 데 많은 어려움을 겪었다. 그러나 남편이 나를 잘 대해준다면 아무리 어려워도 잘 이겨낼 수 있겠다고 생각했다.

단지 베트남과 한국의 문화 차이일까?

나는 한국에 입국한 후 음식, 날씨, 지리 적응 등으로 힘들었지만 나를 더욱 힘들게 하는 것은 시집 가족과의 관계였다. 베트남 내 고향에서는 결혼을 하면 분가를 하거나 같은 땅에서 살더라도 각자 생활을 한다. 결혼한 자식은 자신의 힘으로 살아가야 한다. 때로는 시부모가 자녀를 도와주기도 하고 자녀가 부모를 부양하기도 하지만 각자의 삶을 간섭하지는 않는다. 남편의 가족들은 우리 결혼생활에 지나치게 간섭했다. 남편과 나는 결혼해서 우리의 가정을 만들었지만 우리 삶의 주인이 되지는 못했다. 집안의 모든 일을 시누이가 결정하고 심지어 그릇, 접시 하나하나 사는 것도 시누이가 결정해야 살 수 있었다. 내가 그릇이 필요하다고 하면 남편이 시누이에게 물어봐야 한다고 했으며, 시누이가 사지 말라고 하면 우리 집은 그릇 하나도 살 수 없었다. 이런 상황은 신혼 초부터 지속되어 내가 쉼터에 입소하기 전까지 계속되었다. 심지어 나는 남편의 급여가 정확히 얼마인지도 몰랐다. 아무도 이야기해주지 않았고 남편에게 몇 번 물어봐도 말해주지 않았다. 도대체 왜 내가 알면 안 되는 것일까?

나는 한국에 온 후 바로 아이를 가지고 싶었다. 그러나 남편이 천천히 갖자고 했다. 다행히 한국에 온 지 한 달 만에 임신을 했고 남편에게 임신 소식을 전했다. 남편은 그렇게 기뻐하는 것 같지 않았다. 다만 딸을 낳았으면 좋겠다고 말했을 뿐이다. 나는 남편의 바람대로 딸을 낳았다. 그러나 남편이나 시집 식구들은 아이에게 관심이 없어 보였다. 그렇지만 나는 내 아이가 너무나 사랑스러웠고 아이를 잘 돌보고 싶었다. 처음 엄마가 된 나는 모든 것을 혼자서 하기에 서툴고 부족한 것이 많았다. 그래도 부업으로 버는 돈으로 출산을 준비했다. 남편은 옷을 조금 사줬을 뿐이고 출산하고 나서는 모두 친언니가 대부분 도와주었다. 그렇게 우리를 간섭하고 모든 것을 결정하던 시누이와 시가족들은 아무것도 도와주지 않았다. 친언니가 아이의 옷을 사주고 내게 용돈을 주었다.

　나는 시장에서 예쁜 옷을 보면 우리 아이가 먼저 생각났다. 남편에게 아이 옷 사고 싶다고 하면 매번 거절당했다. 그래도 열 번 이야기하면 남편이 마지못해 한두 번 정도 사주었다. 내 아이의 장난감은 시동생의 집이나 사촌, 친척들이 쓰던 것을 물려받았다. 그러나 내가 남편에게 진짜 섭섭하고 화가 나는 것은 우리 아이에게는 남이 쓰던 물건들을 쓰게 하면서도 시누이의 아이에게는 좋은 선물을 사주었다는 것이다. 그 문제로 나는 남편과 다툼이 많았다.

　내가 한국말이 서툴기 때문에 아이가 혹시 말을 잘 못할까봐 걱정이 되었다. 그래서 나는 아이를 일찍 어린이집에 보내고 싶었다. 하지만 남편이 반대해 무산되었다. 나 혼자서도 아이를 어린이

집에 보낼 방법을 찾아서 할 수도 있었지만 그렇게 하면 남편이나 시부모님이 나를 괴롭히며 결국 못 보내게 할 것 같았다. 그래서 그냥 참고 있을 수밖에 없었다. 나는 혼자서 아이를 먹이고, 입히고, 씻기고, 놀아주며 하루 종일 아이와 함께 시간을 보냈다. 그 시간이 행복하기도 했지만 때로는 너무나 피곤해서 누군가가 나를 도와주었으면 하고 간절히 바라기도 했다. 하지만 남편은 아이를 돌봐주지도 놀아주지도 않았다. 남편은 쉬는 날이면 TV만 보거나 시누이의 집으로 놀러 갔다. 남편은 부부싸움이나 다툼이 날 때마다 나에게 아이를 데리고 베트남으로 가버리라고 말하곤 했다.

"남편 말을 듣지 않으면 죽이라"

어느 날 아이를 목욕시키던 중 옆에 있던 남편에게 물이 튀었다. 남편은 자신에게 물이 튀었다는 이유로 나에게 화를 냈다. 그 일로 말다툼이 시작되었고 화가 난 남편은 내 뺨을 때렸다. 나는 겁이 났다. 당시 베트남 여성 살해 사건을 뉴스를 통해 많이 접했기 때문에 남편의 폭력은 나에게 충격이고 공포였다. 나는 너무 무서워 경찰에 신고했다. 그런데 현장에 도착한 경찰은 나를 보호해주기보다는 남편의 편인 것 같았다. 경찰은 남편이 처음 때린 것이니 용서해주라고 말하며 다른 조치를 해주지 않았다. 나는 어쩔 수 없이 용서 아닌 용서를 하기로 하고 그냥 집으로 돌아왔다. 그러나 남편은 집에 도착하자마자 나와 아이가 들어올 수 없도록 문을 잠가버렸다. 나와 아이는 집에 들어가지 못한 채 안절부절 비가 오는 밖에 서 있어야 했다. 그리고 남편은 한참이 지난 후에 문을 열어 주곤 시누이 집으로 가버렸다. 시어머니는 내가 남편에게 맞고 얼마나 무서웠는지는 안중에 없었고 남편을 경찰에 신고했다는 이유만으로 나를 혼내고 내 언니를 욕했다.

그 일이 있고 한 달쯤 지났을 때 남편이 나와 한마디 상의도 하지 않고 시어머니의 집과 더 가까운 곳으로 이사 갈 집을 구한다고 했다. 나는 그렇게 하고 싶지 않다고 말했다. 그러자 남편은 시어머니에게 전화를 했다. 시어머니는 "남편의 말을 듣지 않으면 왜 같이 사느냐, 죽여라"라고 말했다. 나는 시어머니의 그 말이 너무 충격적이었고 무서웠다. 정말 생명의 두려움을 느꼈다. 나는 아이를 안고 경찰서로 달려가 도움을 청했다. 그리고 쉼터에 입소하게 되었다.

쉼터에 입소한 후 상담 선생님이 남편에게 연락했고 부부 상담을 받았다. 남편은 더 이상 전처럼 시집 가족의 말을 무조건 따르지 않겠다고 약속했다. 그리고 얼마 지난 후 다시 남편과 상담했을 때 남편의 태도가 모호해진 걸 느꼈다. 남편의 약속이 지켜지지 않을 것 같다는 생각이 들었다. 내가 이대로 집으로 돌아간다면 똑같은 일이 반복될 것 같았다. 나는 고민했다.

얼마 후 남편이 법원에 이혼 소송을 제기했다는 것을 알게 되었다. 그리고 남편은 자기가 아이를 키우겠다고 주장했다. 남편은 시집 식구들, 남편의 주변 사람들을 증인으로 내세웠다. 무엇보다 화가 난 것은 주변 지인들과 내 언니가 사준 아이 장난감을 자기가

다 사줬다고 주장한 것이었다.

내 아이를 지키기 위한 싸움

나는 쉼터에서 생활하며 남편과 1년 넘게 양육권 소송을 진행했다. 한국에서 처음 해보는 소송이라 쉽지 않았다. 법률 지원을 받아 소송을 준비해갈 수 있었다. 남편은 이혼과 양육권을 주장했다. 그리고 소송 기간 동안 남편은 면접사전처분신청을 했고 그 결과 한 달에 두 번 남편은 아이를 만날 수 있었다. 그 과정에서 가사 조사가 함께 진행되었다. 나는 내 아이를 지키기 위해 한국어를 열심히 공부했다. 그리고 처음으로 내 손으로 직접 자녀 양육 계획서를 작성했다. 두 번 더 가사 조사가 진행되었고 조정을 통해 이혼한 뒤 양육권은 내가 가질 수 있도록 이야기했다.

그러자 남편이 갑자기 태도를 바꾸었다. 자신은 이혼을 원하지 않고 재결합을 하면 좋겠다고 판사에게 호소한 것이다. 판사는 이혼을 하기 전에 남편과 재결합을 좀 더 생각해보라며 조정 조치 명령을 내렸다. 나는 가사 조사관과 면접 상담을 3개월 동안 10~15번 정도 해야 한다는 설명을 들었다. 나는 조사관을 만나 '남편은 나와 살고 싶지 않지만 아이 때문에 합치고 싶다고 말한 것이다. 하지만 나는 아이 때문에 합치고 싶은 마음 없다. 이혼하고 싶다'고 말했다. 하지만 법원의 조치 명령이었기 때문에 나는 남편을 억지로 만나야만 했다.

내 아이를 떠나보내야 했다

나는 면접 상담을 받았다. 그런데 조사관은 재결합이 이뤄질 수 있기 위해 나를 설득하는 것 같았다. 그 하나로 가족 식사를 제안하기도 했다. 나는 남편과 같이 식사하고 싶지 않았고 재결합도 원하지 않았다. 하지만 나는 양육권을 받는 데 영향을 받을까봐 두려웠고 그래서 상담을 성실히 받으려고 노력했다. 그리고 자녀 양육권을 가지려면 안정적인 주거지가 있는 것이 좋을 것 같아서 쉼터를 퇴소하고 언니와 형부의 도움을 받아 집을 구했다.

그런데 가사 조사관은 나에 대해 부정적인 의견서를 법원에 제출했다. 그 이유는 지금도 알 수 없다. 나는 판결에서 결혼생활을 하는 동안 남편과 시집 가족의 잘못이 인정되어 위자료를 받았다. 그러나 판사는 양육권을 남편에게 주었다. 하늘이 무너지는 것 같았다. 아이가 나의 전부였는데. 너무나 억울하고 분통했다.

나는 지금 아이를 빼앗긴 슬픔을 잊기 위해서 밤낮없이 공장에서 일하고 있다. 나는 한 달에 두 번 자녀 면접을 하고 있고 남편에게 양육비도 지급하고 있다. 나와 내 딸의 행복을 꿈꾸며 준비한 보금자리에는 이제 나 혼자 남아 있다. 나는 여전히 내 손으로 내 딸을 키우고 싶다.

이주여성의
양육권 문제

이정선 | 법률사무소 재율 변호사

이혼 소송에서 가장 첨예한 문제

미성년 자녀가 있는 경우 이혼을 하는 부부는 당사자 사이의 이혼 문제 이외에, 양육권 및 친권의 문제, 양육비 지급의 문제 그리고 마지막으로 위자료 및 재산 관련 문제를 해결해야 한다. 이 중 대부분의 이혼 소송에서 가장 첨예하게 대립하는 부분은 양육권 문제이다. 양육권을 부 또는 모 중 누구에게 줄 것인지 여부는 결혼생활에서 남편 또는 아내로서 누구에게 혼인 관계 파탄의 책임이 있는지 여부를 근거로 판단하는 것이 아니다. 양육권자로서 부 또는 모 중 누가 적합한가를 판단하는 근거는, 미성년 자녀의 복리를 위해 누가 적합한 양육자가 될 것인지 여부이다. 이 사례 (조정을 통해 미성년 자녀의 양육권이 모가 아닌 부가 된 사례)는 먼저 모가 양육권 및 친권을 갖는 것으로 조정 의견이 나왔으나, 가사 조사 이후 조정 의견이 바뀐 경우이다.

대한민국에서 가사 소송은, 즉 이혼과 미성년 자녀가 있는 경우의 양육권 및 친권의 문제, 양육비 문제 그리고 위자료 등 재산 관련 문제에 대한 소송 등은 '조정전치주의'를 택하고 있다. '조정전치주의'란 법원의 판단 이전에 당사자 사이에 조정을 통해 합의점에 도달하는 과정을 필수적으로 거치도록 한다는 의미이다. 따라서 남편이 아닌 이주여성 아내가 이혼 소송을 제기했더라도 재판으로 가기 전에 조정 과정을 거쳐야 한다.

조정으로 회부되면 당사자들 및 대리인들, 조정 재판장, 조정 위원과 함께 다툼에 대한 조정이 시작된다. 조정이란 상호 양보하여 합의에 이르는 것으로, 상호 간에 잘잘못을 따지는 과정이 아니므로, 조정이 성립되면 재판부는 판결문을 쓰지 않는다. 다시 말해, 조정 내용을 가지고 재판에서 이겼다거나 졌다라고 말할 수 없는 것이다. 따라서 조정 내용에 불만이 있다면 이의를 제기하고 변론으로 넘어가 재판장의 판단을 받아야 한다. 이 경우에야 비로소 재판부의 판단으로 승소 또는 패소 여부가 판단되는 것이다. 그런 뒤에 재판부 판단에 불복해서 항소 및 상고로 다퉈볼 여지가 있다. 여기서 조정에 동의하면 더 이상 다툴 수 없게 된다는 점을 주의해야 한다.

조정이 결렬되어 변론으로 넘어가는 경우, 양육권자 지정에 대한 판단은 판사가 하게 된다. 양육권자의 직업, 수입 및 재산과 같은 경제적 능력 등이 판단 요소인바, 위 요건을 갖추고 있다면 양육권자로 지정될 확률이 좀 더 높을 것이다. 일반적으로 어린아이일수록 모가 양육권자가 되는 경우가 많다. 그러나 여기서 한 가지 주의해야 할 점은 만일 모가 직업이 있으나 너무 바빠 아이를 돌볼 시간이 없는 경우라면, 양육 보조자가 없는 경우 오히려 양육권자로 지정되는 데 한계로 작용할 수 있다. 실제 아이가 어린 경우 모의 경제적 능력이 없더라도 부로 하여금 양육비를 지급케 하고, 양육권자는 모로 지정하는 경우가 다수 존재한다. 양육권을 주장하는 부에 대하여 부가 바쁜 직장생활을 하고 있다는 점을 들어, 양육자로서 부적합하다는 주장도 받아들여진 바 있다.

따라서 양육권 분쟁에서 중요한 점은 모가 아이의 양육과 복리에 얼마나 적합한지 여부이다. 모의 경제력 또한 이와 같은 관점에서 요구되는 것이다. 가장 최선의 조건은 모가 경제활동을 하나 아이를 양육할 수 있는 시간 및 아이와의 접촉 시간이 긴 경우이다. 만일 모가 아이를 양육할 충분한 시간이 없다면, 이를 보조해 줄 양육 보조자의 존재가 중요하다. 소송에서 위 점을 강조한다면 미성년 자녀의 양육자로 지정되는 데 유리할 수 있다.

아이의 양육권이 아버지에게 넘어간 이유

관련 사례(조정을 통해 미성년 자녀의 양육권이 모가 아닌 부가 된 사례)에서는 먼저 모가 양육권 및 친권을 갖는 것으로 조정 의견이 나왔으나, 가사 조사 이후 조정 의견이 바뀐 경우이다. 다만 당사자인 모가 해당 조정 내용이 마음에 들지 않는다고 하더라도 이 경우는 조정으로 정리된 사건이므로 조정의 결과는 어디까지나 당사자 의사에 따라 결론지어진 것이다. 위 사례의 경우 당사자인 모의 진술에 따르면, 가사 조사 과정에서 자녀의 복리를 위해 양육권자 및 친권자로 부가 더 적합할 것이라는 가사 조사관의 의견이 있었던 것으로 보인다. 그러나 조정이 결렬되어 변론으로 넘어간 경우가 아니기 때문에 재판관이 부에게 양육권을 주어야 한다는 판결을 내린 것은 아니다. 즉 당사자 간 조정으로 끝맺어진 이 사례는 조정 의견을 당사자인 모가 받아들였기 때문에 자녀의 양육권이 부에게 주어진 것이라고 봐야 한다. 양육권자 및 친권자의 지정 문제, 양육비 또는 위자료나 재산 분할의 문제 등에 대하여 자신이 조정 의견을 수용할 수 없다면 이를 받아들여서는 안 된다. 조정이 결렬되면 재판으로 넘어가 변론을 통해 상호 간의 다툼이 있는 문제에 대하여 재판장이 판단을 하게 된다.

따라서 조정 의견을 도저히 수용할 수 없다면(위 사례에서와 같이 모가 미성년 자녀에 대한 양육권을 포기할 수 없다면, 이를 포기한다는 조정에 동의하지 말고 변론을 통해 다투어 최종적으로 재판장의 판단을 받아야 할 것이다), 조정을 결렬하고 변론으로 옮겨 다시 그 문제를 법리적으로 다퉈봐야 한다. 재판장의 판단을 받는 경우 양육권자로 누가 더 적합한지의 판단 근거 및 이유가 판결문에 자세히 설명되므로, 해당 판결에 대해 다시금 다퉈볼 여지가 있다. 더욱이 가사 사건의 경우 조정을 통해 결정되는 사례가 많은 만큼 조정 절차를 통해 자신이 양육권자로서 충분하다는 점을 재판부에 보여줄 필요가 있다. 그런데 이주여성의 경우 적절한 법적 조력을 받기가 쉽지 않고, 언어적 문제로 인해 통역의 도움이 전적으로 필요하다는 점 등을 비춰볼 때, 법적 분쟁을 오래 끌거나 지속하기가 쉽지 않다. 아래에서는 양육권이 포함된 이혼 사건 또는 조정 절차에서 일반적으로 주의해야 할 내용을 중심으로 이야기해보고자 한다.

양육권 조정 절차에서 유의해야 할 것들

먼저 자신이 원하는 것이 무엇인지를 정확히 파악하고 재판에 임해야 한다. 결코 포기할 수 없는 조건(예를 들면, 양육권이나 매월 일정 금액 이상의 양육비의 지급 등)이 있다면, 원치 않는 조정 내용에 대해서는 이의를 제기하고 변론으로 가야 한다. 그래야 앞서 말한 바와 같이, 재판장의 판단을 받아볼 수 있다. 조정은 재판장의 판단이 아니라 조정 당사자들 사이의 합의에 의한 결과이므로 조정 내용에 대해서는 근거나 이유가 제시될 필요가 없고, 조정이 확정됨으로써 당사자는 다시금 위 조정 내용에 대해 다툴 수 없다. 따라서 조정을 할 때에는 매우 신중하게 생각하고 판단해야 한다.

다음으로 미성년 자녀에 대한 양육권을 갖기 위해서는 조정 절차에서 자신이 미성년 자녀의 양육자로서 적합하다는 점을 잘 보여주어야 한다. 이주여성의 경우에는 각 나라의 양육 문화 및 교육된 부분에서 차이가 있을 수 있고, 오해의 소지가 생길 수도 있음에 유의해야 한다. 이러한 위험을 없애기 위해 이주여성 당사자,

통역 및 상담사, 변호사 3인의 원활한 의사소통이 이뤄져야 한다. 이주여성이 양육자로서 적합한지 여부를 판단할 때 '미성년 자녀의 안녕과 복리'가 가장 중요한 판단 근거가 된다는 점은 이미 설명했다. 이주여성 당사자, 통역 및 상담사, 그리고 담당 변호사는 이러한 점에 주목해 해당 이주여성이 미성년 자녀의 양육자로서 적합하다는 점을 재판부에 잘 전달할 수 있어야 한다.

　대부분의 이혼 및 양육권자 지정의 경우, 가사 조사관의 조사 및 면담을 통하게 되는데, 이때 가사 조사관과의 의사소통이 매우 중요하다. 가정법원에서 대부분의 사건은 가사 조사관의 전화 및 대면 상담을 거치게 되고, 이때 가사 조사관의 의견은 재판의 중요한 자료로 쓰이게 된다. 따라서 가사 조사관과의 면담 역시 신중하게 임해야 한다. 예를 들어, 간단한 일상 대화가 한국어로 된다고 해서 무작정 통역원이나 상담사의 도움 없이 직접 가사 조사관과 면담을 하는 것은 자제하는 것이 좋다. 자신의 의사가 왜곡되어 전달될 가능성이 높기 때문이다. 반대로 통역원이 당사자의 의견을 왜곡해서 전달하거나 임의로 해석해서 의견을 덧붙여 전달하는 경우가 발생하지 않도록 해야 할 필요가 있다. 가사 조사관과의 면담이 조정 의견에 영향을 주고 재판의 중요한 자료로 쓰인다는 점을 다시 한 번 염두에 둔다면, 법적 상황에서의 통역원 선정에 신중해야 한다. 또한 양육권자 지정을 위한 가사 조사관과의 면담에서는 미성년 자녀를 동반하는 경우가 많은데, 이때 미성년 자녀의 양육권자로서 자신이 적절하다는 점을 충분히 보여주어야 한다.

가사 조사관은 왜 그런 판단을 했을까

가사 조사관 면담을 통해 양육권자가 모에서 부로 변경되었다고 진술한 위 사례의 경우에는 가사 조사관 면담 이전에는 재판부에서 모가 양육권자로 적합할 것이라는 의견을 부에게 제시했다. 그러나 가사 조사관 면담 이후 재판부는 부에게 양육권을 주는 것이 적합하다고 판단하여 모에게 양육권 포기 의견을 내비쳤다. 그렇다면 모와 가사 조사관과의 면담에서 가사 조사관은 모가 미성년 자녀의 양육자로서 부적합하다는 판단을 한 것으로 추측해 볼 수 있다. 이러한 가사 조사관의 판단은 비단 이주여성의 진술과 같이 저녁 식사 약속 일정 변경 등의 사유에서만 기인한 것은 아닐 수 있으며, 이에 덧붙여 당사자가 스스로도 파악하지 못한 부분이 있을 수 있다는 점을 간과해서는 안 된다. 즉 당시 가사 조사관은 미성년 자녀의 양육자로서 모인 당사자가 적합한지를 파악하는 업무를 수행 중이었으므로, 마땅히 가사 조사관의 의견서에는 사례자가 미성년 자녀의 양육자로 적합한지 여부에 대한 의견이 기재되어 있었을 것이다. 사례자가 제시한 저녁 식사 약속과 관련해 의사소통이 제대로 이루어지지 않았다는 점에 비춰보건대, 미성년 자녀에 대한 사례자의 양육 태도 및 그 이유에 대해 가사 조사관과의 면담에서 오해가 발생했고 이에 대해 적절한 방법으로 해소가 이뤄지지 못한 것 같다. 즉 사례자가 어린 딸의 양육자로서 부적합하다는 판단에 이르기까지 일정 기간 계속 오해가 쌓였던 것은 아닐까. 이러한 오해의 소지를 줄이기 위해서는 반드시 통역원 및 상담사와 변호사의 적절한 도움이 필요하다.

이주여성 분들을 상담하다보면, 실제 대화 내용을 제대로 이해하지 못하는 상황인데 대화 내용을 이해하고 있는 듯한 반응이나 표정을 보이는 경우가 많은데, 이는 가사 조사관으로 하여금 오해를 불러일으킬 수 있다는 점을 주의해야 한다. 최소한 한국어가 능숙한 훈련된 통역원 및 상담사가 동석해서 가사 조사 당시의 상황에서 오해가 생기지 않도록 주의하고, 이주여성의 양육관이 제대로 가사 조사관에게 전달될 수 있도록 해야 한다.

양육권 다툼에서 좋은 결과를 얻으려면

요약컨대 조정 절차는 당사자 상호 간에 원하는 것을 조금씩 양보해서 합의점에 이르는 길을 찾는 단계이다. 따라서 자신이 양보할 수 없는 마지노선이 있다면 이 부분을 양보해서는 안 된다. 양보할 수 없는 부분으로 분쟁이나 다툼이 계속된다면, 이는 재판으로 가서 재판부의 판단을 받아야 한다. 당사자는 조정 내용에 대하여 이의를 제기할 수 있으므로, 자신이 결코 받아들일 수 없는 내용이 포함되어 있다면, 이에 대해서는 반드시 이의를 제기해서 계속 다퉈보아야 한다. 스스로 조정 내용에 동의를 한 이후 다시 위 내용에 대해 이의를 제기하는 것은 인정되지 않는다.

또한 조정 절차에서 가사 조사관 면담의 경우, 언어적 문제로 인해 오해를 발생시키거나 이로 인해 불이익을 입는 경우가 생기지 않도록 주의할 필요가 있다. 가사 조사 당시 오해가 생기지 않도록 미연에 방지하는 것이 중요하며, 만일 오해가 생겼다면 즉시 이를 해소할 수 있도록 해야 한다. 평소 이주여성, 통역 및 상담사, 그리고 담당 변호사 3자 간의 네트워크를 잘 활용하여, 오해가 생긴 경우 즉시 담당 변호사와 상담해서 해결 방안을 모색해야 한다. 이주여성과 관련된 소송, 특히 가사 소송의 경우는 비단 법리적 문제뿐만 아니라 미성년 자녀와 이주여성의 한국에서의 생활 그리고 미성년 자녀와 비양육친과의 면접 교섭의 문제가 있으므로, 재판부는 변론보다는 조정을 통해 해결하고자 하는 경우가 많다. 따라서 당사자들은 조정 절차에서 준비된 모습으로, 신중하게 대응해야 양육권 등 다툼에서 좋은 결과를 가져올 수 있을 것이다.

야무진
여자

자립

기록 **허오영숙**

한국이주여성인권센터 대표

한족 교육을 받은 '조선족'

나는 중국에서 왔다. 한국 사람들이 흔히 '조선족'이라 부르는 중국 동포다. 한국 사람과 결혼한 중국 동포. '동포'라고 썼지만 한국 사람들이 나를, 나 같은 조선족을 동포라고 생각하는지는 잘 모르겠다. 지금은 법적으로 한국 사람이지만, 가끔 스스로도 원래 한국 국적인 사람과 나를 구분하게 된다. 한국 사람들도 나를 그렇게 구분했듯이.

중국에서 자라는 내내 나는 한족 학교 교육을 받았다. 내 고향이 조선족들이 많지 않은 지역이라 중국 학교밖에 없었기 때문이다. 그렇지만 집에서는 한국말을 썼다. 활달한 성격으로 리더십이 강했던 나는 학교 다니는 동안 줄곧 반장을 했다. 교사가 되고 싶었다. 조선족 학교를 경험한 적이 없어서 당연히 중국 학교의 교사를 꿈꿨다. 조선족이 많이 사는 지역에서는 일찍부터 한국 바람이 불었지만, 당연하게도 우리 동네는 비켜갔다. 그래서인지 나는 내가 한국에 올 것이라는 상상을 해본 적이 없었다. 나중에 중국에서 우연히 남편을 만나게 되면서, 생각지도 않은 한국살이를 하게 되었다.

결혼하고 4년 동안 전업주부로 살았다. 결혼하면 애 키우며 살림 하는 여느 한국 여자와 다름없는 삶이었다. 결혼하자마자 얻은 하나뿐인 딸을 홀로 키웠다. 요즘 말로 '독박 육아'였다. 친정 가족이 한국에 없는 나 같은 이주여성에게 '독박 육아'는 매우 큰 부담이었다. 혼자 살림하고 애 키우는 것이 힘겨웠지만 어쩔 수 없었다. 한국식 육아를 눈치껏 따라 하며, 한국에 시집왔으니 다 그런 줄 알고 맞춰 살았다. 다른 방법이 있는지 없는지 알 수 없었고, 찾을 수도 없었다. 아이 키우기는 힘들었지만 즐거웠다.

아이가 조금 크자 직장을 구해보기로 했다. 사실 중국에 있을 때는 결혼했다고, 아이를 키운다고 직장을 다니지 않는 상황을 생각해보지 않았다. 중국에서는 주변의 결혼한 여성도, 남성도 당연히 직장을 다녔다. 말은 통했지만 여전히 낯선 한국 사회에 적응하려면 직장에서 일을 하는 것이 좋겠다고 생각했다.

뿌듯했던 다문화 강사 활동

막상 일을 하려고 보니 일자리가 마땅치 않았다. 그것도 내가 미처 생각하지 못한 부분이었다. 중국에 있을 때는 아르바이트로 쉽게 통역 일을 찾을 수 있었다. 그래서 일자리를 찾는 것이 어려울 것이라는 생각을 하지 못했다. 주변에 비슷한 처지의 이주여성들은 대부분 식당에서 설거지를 하거나 작은 공장에 다녔다. 주변 지인들에게 화장품을 파는 사람도 있었고, 중국 관광객을 상대로 가게에서 물건을 파는 친구들도 있었다.

나는 장기적으로 일할 수 있는 직업을 가지고 싶었다. 한국에 정착해서 아이를 키우며 살아가려면 안정적인 직업이 필요했다. 그러면서 나 자신이 발전할 수 있는 직업을 찾고 싶었다. 무엇보다 커가는 딸이 무시하지 않을 직업, 존경할 수 있는 직업을 가지고 싶었다. 아직은 아이가 어리지만 나중에 좀 더 크면 엄마가 중국에서 왔다고 다른 아이들에게 놀림을 당할 수도 있을 텐데 엄마가 자랑스러운 직업을 가지고 있으면 다른 아이들이 놀릴 수 없을 것이라고 생각했다. 그러나 중국 출신 엄마가 자랑스럽게 보일 수 있는 직업을 찾기란 쉽지 않았다. 중국에서였다면 한국어도 중국어도 거의 완벽하게 구사하는 내가 할 수 있는 일이 적지 않았을 것이다. 결혼 전에 중국에서 잠깐 아르바이트로 관광 통역을 했을 때도 돈을 꽤 벌었다. 한국 사회는 나의 능력보다는 내가 '결혼이주여성'이라는 것을 먼저 보았다.

한국 사회가 인정할 만한 자격을 갖추자고 생각한 것은 그 때문이었다. 마침 사회 곳곳에서 다문화 열풍이 불고 있었다. 한국어 교육은 기본이었고 이주여성을 위한 다양한 프로그램들이 정말 많았다. 마음에 드는 프로그램을 찾아다니는 것만으로도 시간이 부족할 정도였다.

이런 분위기를 타고 안정적인 직업의 발판이 될 수 있겠다는 생각에 찾은 것이 다문화 강사 양성 과정이었다. 수개월간 집중적인 교육을 받으면 학교에 다문화 강사로 일할 수 있었다. 다문화 강사 양성 과정에 가보니 씩씩하고 눈썰미가 좋은 언니들이 많았다. 이 과정은 만만찮은 노력과 도전이 필요해 보였다.

그렇게 교육 과정을 무사히 마치고 다문화 강사로 2년을 일했다. 나는 그 일이 좋았다. 존중받을 수 있는 일이고, 나의 장점을 잘 이용할 수 있는 전문적인 일이어서 더 좋았다. 일이 좋은 만큼 나 자신도 부단히 노력을 했고, 차츰 실력을 인정받았다. 내가 일을 그만둬야 한다고 이야기했을 때 같이 일하는 한국 사람들이 다 말렸을 정도였다.

동정은 싫다

나 스스로 노력하고 준비한 다문화 강사 일을 그만둘 수밖에 없었던 것은 남편의 폭력을 피해야 했기 때문이다. 내가 다문화 강사를 시작할 즈음 일을 그만둔 남편은 다른 일을 찾지 못했다. 일을 못 찾은 것인지 내가 수입이 생기자 찾지 않은 것인지는 알 수 없다. 일이 없었지만 남편의 씀씀이는 줄지 않았다. 차를 끌고 갈 직장이 없는데도 새 차를 샀다. 집안 살림에 들어가는 모든 생활비도 내가 책임져야 했다. 직업이 없는 남편은 차 할부금을 갚을 수 없었고, 빚은 불어갔다. '캐피탈'에서 고금리 대출을 받은 남편의 재정 상태는 위험했다. 그래도 '살아보려고' 내 명의로 은행 대출을 받아 이자가 높은 캐피탈 빚을 갚았다. 그 빚은 지금도 고스란히 내 앞으로 남아 있다.

착실했던 남편은 실업 상태가 길어지면서 괴팍해졌다. 구겨진 자존심은 폭력으로 폭발하곤 했다. 결국 여섯 살 된 딸아이와 함께 달랑 가방 하나 들고 쉼터로 피신했다. 쉼터 입소와 더불어 일도 그만둘 수밖에 없었다. 일하던 곳이 남편과 살던 집과 가까이 있어서 안심할 수 없었기 때문이다. 일을 그만둔 것은 아쉽지만 남편을 떠나기로 한 결정은 잘한 것이라고 스스로에게 말했다. 나아질 것이라 믿었던 시간들도 있었으나 남편의 상태는 심해져만 갔기 때문이다.

내가 쉼터에 온 또 다른 이유는 돈이 없었기 때문이었다. 물론 쉼터는 폭력을 피해 올 수 있는 곳이다. 그렇지만 돈이 있었다면 남편이 나를 찾을 수 없는 지역에서 아이와 방을 빌려서 살았지 쉼터에는 오지 않았을 것이다. 나는 남의 도움을 받는 것도, 불쌍하게 보이는 것도 싫다. 멀쩡하게 대화하다가도 '쉼터 입소자'라고 하면 달라지는 눈빛만 보고도 알 수 있다. 한국 사람들 중에는 쉼터를 도와주는 좋은 사람들이 많은 것이 사실이지만 그들의 정서 밑바닥에는 대부분 동정이 깔려 있다. 너를 도와주고 있으니, 고맙게 생각하라는 암묵적인 느낌. 너와 내가 동급은 아니라고 그 눈빛이 소리친다. 나는 그 눈빛에서 하루바삐 벗어나고 싶었다. 쉼터에 있었다고, 중국에서 왔다고 기대치가 정해진 삶을 살고 싶지는 않았다.

자립, 스스로 일어서겠다

한국어가 자유자재로 가능한 나는 쉼터에 있는 다른 이주여성들이 한국어를 배우는 동안 취업할 준비를 한다. 한국어 수업에 안 가도 되기 때문에 상대적으로 시간이 많다. 지금 나의 온 관심은 '어떻게 하면 돈을 벌어서 아이와 살 집을 마련할까'에 있다. 처음에는 월세로 시작할 수밖에 없을 것이다. 보증금을 어떻게 마련할 것인지에 대한 셈은 이미 여러 번 해봤다.

돈을 벌어야 한다. 많은 돈이 아니라 내 자존심을 세울 만큼의 돈. 누군가에게 기대지 않고 내 아이와 살아갈 수 있을 만큼의 돈. 나는 지금 당장 한 푼도 없지만 별로 두렵지 않다. 쉼터에서 나가면 어떻게 살지 걱정이 되지만 두렵진 않다. 다문화 강사로 일하는 동안 한국의 사회생활이라는 것을 제대로 배운 탓일 게다. 손이 있으니까 무슨 일이든 할 수 있고, 어디 가서든 돈을 벌 수 있을 테고, 통역도 할 수 있으니 무서울 게 없다. 혼자 돈을 벌고 살림하고 남편 빚을 갚으면서 집안을 이끌어왔던 경험도 있는데, 그보다 더 힘든 일이 남아 있겠나 싶다.

전에 하던 다문화 강사는 여전히 매력적인 직업이다. 아이가 존중할 수 있는 직업이니까 더욱 그렇다. 돈을 벌더라도 나와 아이의 자존심을 세울 수 있는 직업이어야 하니까 할 수 있는 일이 많지 않다. 그러니 다문화 강사 일을 다시 시작할 수 있는지 알아보고 있다. 그러나 구한다고 하더라도 크게 돈이 되는 일이 아니므로 그 일만 해서는 아이를 키우기 어려울 것 같다. 그러니 다문화 강사 일은 시간제로 해야 할 것이다. 다문화 강사 일은 4대 보험이 적용되기에 안정성 때문에라도 필요하다고 생각한다. 오전에는 그 일을 하고, 오후에는 조그만 장사를 해볼 생각이다.

이주여성이 사무직으로 일할 수 있는 공간은 거의 없다는 것을 모르지 않는다. 언어를 살려 하는 일과 다문화 강사 말고는 '선생님' 소리를 들으면서 할 수 있는 일이 이주여성에게 주어지지 않는다는 것도 안다. 중국어를 아무리 완벽하게 구사해도 중국어 전문가로 보기보다는 그저 결혼이주여성으로 먼저 보는 것도 안다. 한국의 현실이 그렇다고 해서 억울하다고 하소연만 하고 있을 수는 없다. 아이랑 먹고살 궁리를 해야 하기 때문이다.

나는 시간이 날 때마다 동대문시장을 기웃거린다. 나중에 어떤 장사를 할 수 있을지를 염두에 둔 시장조사다. 하루는 동대문에서, 하루는 남대문에서 어떤 물건들이 잘 팔리는지 눈여겨보고 눈치껏 도매 가격을 물어보기도 한다. 초기 자본이 적게 들면서도 혼자 해야 하니 부피가 크지 않아야 한다. 몇 번 시장을 드나들다보니 그럴 만한 품목이 눈에 보이기 시작했다. 아이가 있어서 그런지 아이에 맞춘 품목이 쉽게 눈에 들어왔다. 유아용품이나 머리핀, 악세사리 같은 것을 주로 살펴보는 이유이기도 하다. 어림짐작으로 해도 도매 가격과 소비자 가격은 두 배 정도 차이가 나는 것 같다. 한국 물건을 중국에다 도매식으로 파는 일을 할 것 같다.

염치없지만 부모님 도움을 잠시 받을 요량이다. 생활이 안정됐을 때 갚아드릴 생각이다. 그나마 중국에 계시던 부모님도 한국에서 일할 수 있는, 동포에게 주어지는 비자로 와 계셔서 천만다행이다. 두 분 모두 일을 하시기 때문에 도와달라는 말을 꺼내기가 조금은 수월할 것이다. 나는 내 아이와 스스로의 힘으로 야무지게 살고 싶다.

이주여성의
자립 의지

강성의 | 한국이주여성인권센터 이사

국제결혼 가정의 경제적 취약성

누군가 낯선 나라로 이주를 감행한다는 것은 뜨거운 욕구에서 비롯된다. 그 욕구는 본인의 것이거나 다른 가족의 것이기도 하다. 이주여성은 국제결혼으로 이주하는 경우가 많다. 결혼에 대해 구체적이고 현실적인 조건을 따질 수 없는 상황이지만 '나는 잘될 것이다'라는 엄청난 기대를 품고 한국에 온다.

하지만 국제결혼 가정은 여러 가지 어려움에 놓여 있다. 이주여성은 법적으로 한국 가족이 되지만 '외국인'이라는 신분 때문에 불편하고, 믿지 못하겠다는 시선을 종종 받는다. 이렇게 불안한 관계가 시작된다. 언어·문화·나이 차이로 소통은 잘 안 되고, 생각과 가치관이 달라서 겪는 불편함은 긴장과 갈등 심지어 폭력으로 나타난다. 한국식(?) 결혼생활에 순응해보려고 '가정주부'와 '독박 육아'를 담당하지만 삶이 평탄하지 못하다. 그리고 가장 큰 문제인 경제적 어려움에 직면한다. 결혼생활은 예측할 수 없다. 특히 한국인 배우자의 실직이나 질병, 기타 다른 문제를 만나게 되기도 한다. 결국 경제활동은 여러 가지 조건과 맞물려 있고 선택지가 거의 없는 상태에 내몰리기도 한다. 가정폭력 피해를 겪게 될 때 거주지의 변동, 가해자와의 분리, 혼인 관계의 지속 유무를 판단해야 하고, 기존에 쌓아왔던 자원이나 경제활동과 단절을 경험하게 된다. 물론 가정폭력 피해자의 자립을 지원하는 정책도 실시되고 있으나 가정폭력 가해의 위협, 자녀 양육에 대한 부담, 심신의 무력감 등 개별 사례가 갖는 다양한 문제의 해답을 찾기란 쉽지 않다.

최악의 상황에서 자신을 믿고 버텨내는 힘을 가진 이주여성은 적극적으로 돌파구를 찾는다. '손이 있으니까 무슨 일이든 할 수 있다'고 다짐하며 어려움을 극복하고 스스로를 단련시킨다. 취업 등 사회적 경험으로 일할 수 있는 곳을 찾아내고, 자신이 책임져야 할 자녀에게 든든한 부모가 되려고 한다. 누군가에게 기대지 않고 내 힘으로 내 아이와 살아갈 돈을 벌겠다고 다짐한다.

여성가족부가 2009년부터 3년마다 실시하는 〈전국다문화

국제결혼 가정의 가구 소득 추이

연도	100만 원 미만	200만 원 미만	300만 원 미만	400만 원 미만	400만 원 이상
2009	21.3	38.4	18.7	5.7	3.9
2012	11.0	30.9	31.4	15.7	10.9
2015	8.8	23.8	30.4	20.5	16.5

(단위 : 퍼센트)   여성가족부, 〈전국다문화가족실태조사〉 2009, 2012, 2015.

가족실태조사〉보고서에 의하면 국제결혼 가정의 가구 소득은 월 평균 200만 원 미만인 저소득 가구의 비중이 2009년 59.7퍼센트, 2012년 41.9퍼센트, 2015년 32.6퍼센트로 조금씩 나아지는 추세에 있으나 그 비중이 적지 않은 상황이다.

이렇듯 가정의 경제적 상황 때문에 결혼이주여성의 취업 동기는 매우 분명하다. 특히 아시아권 국가에서는 성인은 남녀를 불문하고 자기 몫의 경제활동을 하는 것이 당연하다고 생각한다. 그래서 결혼이주여성도 결혼을 했다고, 아이를 키운다고 직장이 없는 상태를 고려하지 않는 편이다. 그렇다고 이주 후 바로 취업하는 것은 쉽지만은 않다. 하지만 국제결혼가정의 경제적 취약성은 결혼이주여성을 어떻게든 취업할 수밖에 없는 상황으로 내몰고 있다.

여전히 불안정한 일자리

결혼이주여성의 취업 의지는 매우 높다. 2012년 〈전국다문화가족실태조사〉에 의하면 결혼이주여성이 일하고 있는 비율은 52.4퍼센트이다. 고용 형태는 임시 근로자가 35퍼센트로 가장 많았고, 상용 근로자 29.9퍼센트, 일용 근로자 18.9퍼센트로 대부분 불안정한 직업을 가지고 있었다. 특이한 것은 취업하지 않고 있는 이주여성의 향후 취업 의사는 84.1퍼센트로 매우 높게 나타났다는 것이다.[*] 2015년 〈전국다문화가족실태조사〉 보고서에 의하면 결혼이민자·귀화자 중 취업자 비율은 63.9퍼센트이며, 이 중에서 이주여

성은 59.5퍼센트, 이주남성은 83.4퍼센트이다. 이는 2015년 우리
나라 전체 고용률이 여성은 49.9퍼센트, 남성은 71.1퍼센트로 나타
난 것과 비교하면 모두 10퍼센트 이상 더 높은 수치다.[**]

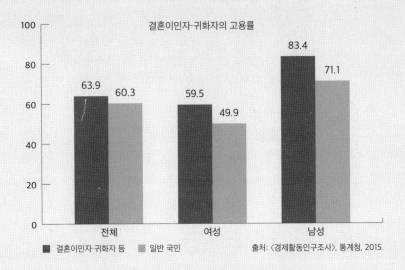

결혼이민자·귀화자의 고용률

출처: 〈경제활동인구조사〉, 통계청, 2015.

결혼이주여성이 취업하려는 이유는 경제적인 이유가 가장 크
지만 가족이나 자녀들에게 인정받기를 바라는 마음에서도 찾으려
고 한다. 이런 이유로 결혼이주여성에게 '이중 언어 활용 능력'은
매우 중요한 자원이 된다. 한국어를 수준별로 배우려고 하며, 통번
역 활동의 전문성을 높이기 위해 관광이나 의료 분야의 직업군도
개발된다. 외국인을 위한 상담기관에서부터 교육 현장에서 이중

[*]   김복태·이승현, 〈결혼이민자 취업역량 강화를 위한 실행 방안 연구〉, 한국여성정책연
       구원, 2015.
[**]   〈2015 전국다문화가족실태조사〉, 한국여성정책연구원, 2016.

언어 교사로 일하기도 한다. 초기 한국 생활 적응이나 컴퓨터 활용을 당사자가 당사자들에게 직접 교육하는 일도 많아진다. 이뿐만 아니라 이중문화 경험자로서 다문화 이해 교육 강사로도 활동하는 등 그 활동 범위가 다양하다.

하지만 이들의 고용 형태는 불안정한 편이다. 당사자 상담원은 2000년 중반부터 이미 도입되었고, 다문화가족지원법이 시행되면서 다문화가족지원센터에 통번역 활동가가 배치되어 있다. 이 중 언어 강사도 양성되어 배치되고 있지만 이들은 강사, 인턴, 코치 등으로 불리며 불안한 고용 형태에 놓여 있다. 다문화 관련 정부 및 민간 위탁 사업이 어떻게 진행되느냐에 따라 고용 신분도 계속 달라진다.

다문화가족지원센터에서 일하는 한 이주여성은 이렇게 말한다. "겉에서 보면 그럴듯해요. 다문화가족지원센터에서 일하는 사무직이니까 우선 능력이 있다고 생각하는 이주여성들이 많아요. 좋은 환경에서 일해서 좋겠다고 부러워도 하지요. 하지만 우리는 이주여성의 취업이라는 측면에서 결코 좋은 모델이 아닙니다."

이중 삼중의 어려움을 겪고 또 겪는다

결혼이주여성이 취업 현장으로 나와서 부딪히는 첫 번째 문제는 입증할 서류와의 싸움이다. 기본 서류를 제출하려면 과도한 시간과 비용이 든다. 이런 불편함 때문에 한국의 교육기관으로 재진입해야 하는 경우가 많다. 결국 본국에서 학력 인증을 바탕으로 취업기관에 맞는 기본 학력, 관련 자격증을 받기 위해서 많은 시간을 재투자해야 한다. 그런 학습과 교육에 대한 투자는 본인이 감당해야 한다. 아무리 이중 언어 구사 능력이 뛰어나다 하더라도 고등교육기관 졸업자여야 하고, 한국어 능력을 입증할 수 있는 자료를 제출해야 한다. 이런 이유로 당사자들은 취업 진입이 늦어지거나 원하지 않는 일을 하게 된다. 그것뿐이겠는가.

이주여성은 자의 반 타의 반에 의해 적극적으로 경제활동에 뛰어든다. 그 노동 현장은 어디가 됐든지 모르는 것이 더 많다. 이주여성은 한국의 노동 관련 제도에 대해 잘 모른다. 근로기준법은 물론 사회보험 제도, 실직 제도나 근로자지원 제도를 접할 기회가 없다. 정확한 정보를 숙지하기도 전에 본국에서의 경험이나 지인의 정보를 가감 없이 받아들이기도 한다. 이러한 정보의 오류 때문에 어려움을 겪는 일도 종종 목격하게 된다. 예를 들면 이주여성이 본국에서 한 달 임금을 20여 만 원 정도 받다가 한국에서는 100만 원의 임금을 받을 수 있다고 들었을 때 많은 돈을 번다고 이해할 수 있다. 그러나 실제로 그 금액은 근로기준법 위반이며 최저임금도 보장받지 못하는 것이다. 이뿐만 아니라 식당이나 농어촌, 소규모 사업장에 취업할 때 근로계약서를 체결하는 경우가 거의 없어서 근로시간이나 4대보험에 관한 내용조차도 인지하지 못하는 경우가 발생한다. 온라인 혹은 오프라인 창업 현장은 너욱 복잡하다. 따라서 세심한 고려가 필요하다. 더 묻고 더 많이 의심해야 한다. 유사 업종에서 실질적인 경험을 해보는 것이 중요하다.

이주여성의 경제활동 영역은 빠르게 다양해지고 있다. 통번역이나 이중 언어 강사, 다문화 이해 강사 활동을 넘어서 1인 미디어 방송이나 당사자 NGO단체를 만들어 활동하기도 하며 협동조합으로 창업을 하기도 한다. 언어 활용 능력이나 이중 문화 경험을 살려서 다양한 콘텐츠를 만들어 모국과 거주국의 가교 역할로 여행업이나 유학원 등에 취업하기도 한다. 심지어 체류나 비자 문제를 해결해주겠다고 돈을 받아 서류 대행까지 겸업하는 당사자도 많아지면서 합법과 비합법의 경계를 넘나들기도 한다. 한국에 정착하고 싶은 이주여성은 원하든 원치 않든 한 국가에 완벽하게 소속된 사람이 아닌 이중 멤버로 산다는 것을 알아야 하고 지켜야 할 정보와 제도도 두 배로 늘어난다는 것을 기억해야 한다.

도대체
품행 미단정
이라는 게
무언가요?

기록 **김혜정**

한국이주여성인권센터 교육팀장

걱정보다는 기대와 설렘이

나는 어릴 때부터 당차고 꿈이 많은 아이였다. 베트남에서 고등학교를 졸업하고 난 후, 진로를 고민할 때 전문 기술을 익힐 수 있는 분야에서 공부해야겠다고 생각했다. 그래서 전문대학교에 수도와 전기, 점검 기술을 배울 수 있는 학과로 진학했다. 한국에 대한 관심도 많았다. 한국의 기술과 문화를 보면서 나에게도 한국에서 꿈을 펼칠 수 있는 기회가 있길 바랐다. 그래서 한국어 공부도 했다. 그렇게 20대는 나에게 새로운 도전과 기회로 가득한 시간이었다.

졸업을 한 학기 정도 남겨두고 아버지의 친구분이 찾아와서 한국 사람과의 결혼을 제안했다. 나는 당시 스물한 살이었고 한국에 관심이 많던 나는 결혼이 가지는 의미나 책임을 먼저 생각하기보다 새로운 기회가 찾아왔다는 기대와 설렘이 가득한 상태였다. 내 꿈을 펼치면서 공부도 하고 사랑하는 사람을 만나고, 새로운 가족도 생긴다는 생각에 걱정보다는 기대가 더 컸던 것이다. 아버지의 친구분과 남편의 시부모님이 서로 아는 사이였기 때문에 그분이 소개했다면 남편도 믿을 만한 사람이라고 생각했다. 남편이 두 번 정도 베트남에 왔지만 머무는 기간이 하루 이틀 정도였기 때문에 남편에 대해서 잘 알지 못했다.

국제결혼은 생각보다 복잡한 절차를 거쳐야 했지만 그리 신경 쓰이지 않았다. 그 모든 과정을 거쳐서 2009년 6월에 한국에 입국했다. 갑자기 바뀐 환경이 낯설었지만 마음을 단단히 먹었다. '사람 사는 곳이니 다 비슷하다' 이렇게 나 자신에게 말했다. 결혼하고 1년 만에 아들을 낳았다. 여전히 모든 것이 낯선 데다가 갑작스런 출산까지 더해져 여러 가지로 복잡한 마음이 들었지만 '누구나 처음은 다 낯설고 서로를 이해하는 데는 시간이 걸린다'고 생각했다.

나의 노력은 짓밟혔다

특히 힘든 것은 남편과 시댁 가족들과 대화가 잘되지 않는 것이었다. 가장 이해하기 힘든 행동은 내가 2009년 한국에 입국하고 얼마 지나지 않아 외국인등록증을 발급받았는데 시어머니가 외국인등록증과 여권을 빼앗아 내가 모르는 곳에 숨겨둔 것이었다. 왜 이런 행동들을 하는지 도무지 알 수 없었다. 하지만 가족이 된 이상, 갈등이 생긴다고 해서 모두가 헤어지는 것이 아니니까 서로를 이해하기 위해서는 노력이 필요하다고 생각했다.

2012년 6월, 체류를 연장하고 집으로 돌아오는 차 안에서 나는 너무도 충격적인 일을 당했다. 남편이 내 여권을 내놓으라고 했고 나는 남편의 행동을 이해할 수 없어 이를 거부했다. 그러자 남편은 내 몸을 뒤지기 시작했다. 나는 너무 당황스러웠다. 여권이 내 바지 주머니에 있다는 것을 안 남편은 주머니가 찢어지는 것도 아랑곳하지 않고 여권을 찾아 빼앗아갔다. 그리고 집 앞에서 나를 집 안으로 들어오지 못하게 했다. 내가 필요 없으니 베트남으로 돌아가라고 했다. 내 아이가 여기 있고 이곳이 나의 가정이라 생각했는데……

이후 갈등이 생길 때마다 남편은 툭하면 '아이는 두고 너는 나가라'고 협박하곤 했다. 아이를 안아주지도 못하게 했고 볼일이 있어 아이와 함께 외출하려고 하면 아이는 두고 가라고 했다.

나는 너무 괴로웠다. 지금 느끼는 아픔을 남편과 시댁 가족에게 전달하고 서로를 이해하기 위해서 함께 노력해야 한다고 생각했다. 서로에게 귀를 기울여야 한다는 것을 말해주고 싶었다.

다문화가족지원센터에서 통역의 도움을 받아 서로가 가지고 있는 오해를 풀어보려고 했다. 그런데 남편은 다른 사람에게 우리의 이야기를 한다는 것이 불편했던 것 같다. 남편은 한 번도 상담을 같이 받으려 하지 않았다. 시어머니만 남편 대신 센터에 방문해서 나를 비난할 뿐이었다.

그렇게 나는 가족과의 관계 개선을 위해 노력하고 있었는데 남편은 나와 생각이 달랐다. 남편은 이혼을 준비하고 있었던 것이다. 남편으로부터 2012년 이혼 소장을 받았다. 그때의 마음을 어떻게 표현해야 할지 모르겠다. 언어도 문화도 다른 사람들이 서로를 다 이해할 수 없다 해도 어떻게 이렇게 쉽게 이혼을 생각할 수 있는지 이해되지 않았고 절망스러웠다. 나의 노력은 무참히 짓밟혔다.

나의 체류 상태는 언제나 불안했다

이대로 있을 수는 없었다. 이혼도 고통스러운 일이지만 더 이상 아이도 만날 수 없는 상황에 처한다고 생각하니 무엇이라도 해야 했다. 나는 쉼터에 입소했고 이주여성인권센터의 도움으로 법률 지원을 받았다. 2012년 이혼 소송을 시작했고 2013년 판결이 났다. 법원은 내가 경제적인 능력이 없어서 아이를 키울 수 없다고 판단했다. 남편이 일을 하고 있지만 수입이 적었다. 그런데 시어머니가 가게를 운영하고 있어서 남편 측이 아이를 키울 만한 경제력이 있다고 판단한 것이다. 시어머니는 양육 조력자로서도 인정받았다. 결국 아이의 양육권은 남편에게, 친권은 공동으로, 한 달에 두 번 아이를 만날 수 있는 면접교섭권을 가지게 되었다. 그러나 남편은 아이를 보여주지 않았다. 그래서 2014년에는 아이를 만나기 위해 면접교섭권 관련 소송까지 해야 했다. 또다시 소송을 진행하고 면접교섭권이 있다는 판결을 받았지만, 남편은 여전히 아이를 만나지 못하게 했다. 그렇지만 나는 계속해서 남편을 찾아가고 문자, 전화로 아이를 데려와달라고 요청했다. 아이를 만나기 위해 갖은 노력을 했다. 그리고 겨우 아이를 만날 수 있었다.

2015년에는 남편이 이혼 소송 당시 자녀 양육비를 받지 않겠다고 해서 이혼 판결문에도 기재되지 않은 자녀 양육비에 대한 소송을 걸었다. 내가 마땅히 지급해야 할 양육비를 주지 않았다는 이유였다. 한국의 법률과 제도를 모르는 내가 혼자서 이런 일을 당했다면 나는 아무것도 할 수 없었을 것이다. 그러나 이주여성인권센터를 통해 도움을 받아 겨우 문제를 해결할 수 있었다.

남편으로부터 이혼 소장을 받고 쉼터에 입소했을 때였다. 아직 남편과 더 이야기를 할 수 있지 않을까 희망을 가지고 고민하고 있을 때 체류를 연장해야 하는 시기가 되었다. 체류 연장을 위해 출입국관리사무소에 갔다. 그런데 남편이 출입국사무소에 '우리 와이프가 도망갔다'고 이야기를 해버려서 신원보증이 해지된 상태라는 것을 알게 되었다. 남편과 시댁 가족에게 나는 더 이상 가족이 아니었다. 쉼터 선생님들의 도움을 받아 겨우 체류 연장 신청을 할 수 있었다. 결혼을 했고, 아이가 있고, 아직 이혼한 상태가 아님에도 불구하고 나의 체류 상태는 언제나 불안했다. 한국 사회에서 결혼이주여성은 남편이 신원보증을 해지하면 언제나 미등록 상태가 되어버릴 수 있었다. 남편 말 한마디에 나는 언제나 불법체류자라고 불리는 사람이 될 수 있다는 것을 실감했다.

재산이 6,000만 원이나 있어야 한다니

2014년 나는 한국 국적을 신청했다. 그동안 남편과 불화가 있었지만 한국에서 아이에게 당당한 엄마로 살기 위해 한국어도 열심히 공부하고 사회통합프로그램(한국 국적을 받기 위해서 이 프로그램을 이수하면 좀 더 쉽게 나온다)도 교육받았다.

그런데 2016년 귀화불허 통지를 받게 되었다. 국적 취득이 안된 것이다. 이유가 '품행 미단정'이였다. '품행 미단정'이라는 말이 무슨 말인지 나는 도저히 알 수 없었다. 출입국관리사무소에서도 명확한 설명을 해주지 않았다. 나는 너무 답답했다. 그래서 1345(외국인종합안내센터)에 전화를 했다.

'품행 미단정'이라는 것이 무엇인지, 무슨 의미인지 물어봤다. 그러나 그곳에서는 법무부에 문의하라고만 답했다. 법무부에 다시 전화해서 왜 국적 신청이 받아들여지지 않았는지, 도대체 '품행 미단정'이 무슨 말인지 물었다. '품행 미단정'의 이유는 시어머니와 신랑이 '우리 며느리가 아기도 안 키우고 도망갔다'라고 쓴 진술서 때문이라고 했다. 나는 화해를 위해 노력하는 동안 남편으로부터 이혼 소송을 당했고, 당당한 엄마가 되기 위해 노력하는 동안 대한민국으로부터 귀화 불허 통지를 받았다. 절망스러운 현실이었다.

국적 신청을 위한 다른 방법이 없는지 전화를 받은 법무부 직원에게 물어보고 하소연도 해봤다. 그러자 그 직원이 나의 현재 월급을 물어보면서 지금은 나의 월급이 300만 원이 되지 않으면 국적 취득이 안 된다고 말했다. 즉 연봉이 3,800만 원 이상 되거나 재산 증명도 6,000만 원 정도가 있어야 가능하다고 안내를 받았다. 그래야만 한국 국적 신청을 할 수 있고 신청한 후에 1~2년을 기다려야 국적이 나온다고 했다. 재산 6,000만 원이나 연봉 3,800만 원은 이주여성들이 현실적으로 감당하기 어려운 조건이었다. 나는 직원의 답변에 너무 화가 났다. 그래서 직원에게 "선생님, 한국 사람도 한 달에 200만 원 벌기가 힘든데 우리 외국인이 어떻게 그 돈을 벌어요?"라고 하면서 싸웠다.

그러자 그 직원이 말하기를 "지금 당신은 국적 취득 과정에 있기 때문에 아이를 돌보는 거잖아. 만약 나중에 국적이 나온 뒤에 당신이 아이를 더 이상 보지 않으면 어떡해?"라고 했다. 나는 너무 억울했다. 내가 아이를 만나기 위해 얼마나 노력했는지 그 사람은 알지도 못하면서 내가 이주여성이라는 이유만으로 나를 의심부터 하고 있었다. 그러면서 그 직원은 "억울하면 소송할 수밖에 없어"라고 밀했다. 나는 번뜩 소송을 해야겠다는 생긱이 들었다. 그 사람은 외국인인 내가 한국 사회의 법과 제도도 모르니 소송이라는 것을 할 수 있을 거라 생각하지 않고 한 말이었을 것이다. 하지만 나는 소송이라는 방법이 있는 것조차 몰랐는데 그 사람의 말을 듣고 오히려 '소송'이라는 것을 '할 수 있다'는 것을 알게 되었다. 그리고 소송을 시작했다.

이제 나에게 돌아가라고 말할 수 있는 사람은 없다

2016년 한국의 법과 제도도 모르는 나는 말도 어려운 '귀화 불허 처분 취소 소송'을 하게 되었다. 한국이주여성인권센터가 변호사와 연결해주었고 나는 변호사의 도움을 받아 국적 신청이 불허가 된 '품행 미단정'이라는 이유를 받아들일 수 없다며 취소 소송을 진행했다. 무료법률구조공단의 도움을 받을 수도 없어 변호사 선임 비용만 250만 원이 들었다. 그래도 주변에서 많은 도움을 받아 여기까지 버텼다. 한국 사회에서 이주민은 너무 힘들다. 법과 관련되면 더욱 그렇다. 소장에 적힌 글들은 무슨 말인지도 알 수 없었다. 신랑이랑 같이 살 때는 법이 힘들지 않았지만, 억울한 상황을 만나고 혼자서 이 일을 헤쳐나가는 것은 엄청나게 어려운 일이라는 것을 실감했다.

나는 아이의 양육비도 보내야 했고 생활도 해야 했고 변호사 비용까지 마련해야 했다. 베트남에서 공부만 하던 내가 한국에서 배운 첫 기술은 '미싱'이었다. 쉼터에서 일을 배워서 지금까지도 계속 미싱사로 일하고 있다.

소송은 무사히 끝났고 2017년 나는 지금 한국 국적을 취득했다. 한국에 8년 동안 있으면서 5년 이상을 소송으로 시간을 보냈다. 남편으로부터 이혼 소송을 당하고, 아이를 만나기 위해 면접교섭권 소송을 하고, 한국에서 살기 위해 귀화 불허 취소 소송까지 했다. 이 모든 일들이 이주여성 혼자서는 감당하기 힘든 것이었다. 한국에서 한국 가족이 없는 결혼이주여성이 된다는 것이 이렇게 막막한 일인지 5년 동안 소송을 하면서 절감했다. 소송을 하는 동안 시어머니는 늘 나에게 베트남으로 돌아가라고 말했다. 판사도 계속해서 나를 베트남에 보내려고 했다. 남편도 아이를 못 만나게 하면서 베트남으로 가라고만 했다. 이제 나에게 베트남으로 돌아가라고 말할 수 있는 남편과 시댁 가족은 없다. 나는 당당하게 한국에 살면서 아이를 만날 것이다. 한국인으로 살 것이다. 더 이상 무기력하게 내쫓기지 않을 것이다. 비록 지금은 아이를 자주 볼 수 없지만 한국에서 살면서 아이와 같이 살 수 있는 날을 기대하고 있다.

체류권은
이주여성의
권리

최진영 | 전 서울이주여성쉼터 소장
허오영숙 | 한국이주여성센터 상임대표

정주권 없는 결혼'이민' 비자

한국 남성과 결혼한 외국인 여성들의 국내 체류는 어떻게 될까? 한국 사람과 결혼해 가족을 구성했다고 해서 한국에 정주할 권리가 바로 주어지는 것은 아니다. 외국인이기 때문이다. 외국인의 국내 체류는 비자를 받아야 가능하다. 한국인과 결혼한 외국인 배우자는 F6 '결혼이민' 비자로 체류할 수 있다.

외국인은 체류 기간이 끝나기 전에 비자 연장을 통해 다시 체류 기간을 연장해야 한다. F6 비자는 최대 3년까지 체류할 수 있는 자격을 부여받을 수 있다. 하지만 법무부는 2년 이내로 체류 기한을 주는 경우가 대부분이다. 한국인과 결혼 관계가 어떠하냐에 따라 비자로 촘촘히 체류 기간을 통제하는 방식이다보니 한국인 배우자들은 외국인 아내의 체류 자격 심판관처럼 굴기도 한다. 심지어 쉼터에 입소한 이주여성은 3개월이나 6개월 단위로 체류 연장을 받기도 한다. 체류 기간이 짧게 주어지면 이주여성들은 불안할 수밖에 없다. 그 기간 안에 다시 체류 연장을 해야 하고, 혹시나 출입국관리사무소에서 체류 연장을 해주지 않으면 미등록 체류가 되기 때문이다.

'불법 체류자'가 되는 결혼이주여성들

자녀를 데리고 쉼터에 온 이주여성 중 이혼을 선택한 경우 대다수는 양육권을 두고 남편과 다툰다. 이혼을 하려는 이주여성은 술에 의존해서 일상생활이 힘든 남편이 폭력을 휘두르는데 어떻게 아이를 맡기겠느냐며, 아이를 위해서는 남편에게 보낼 수 없다고 한다. 반면 한국인 배우자는 말도 서툴고 한국 물정을 모르는 외국인이 아이를 제대로 키울 수 있겠느냐, 이주여성이 아이를 키우겠다는 건 아이를 위해서가 아니라 체류 연장을 하려는 것이니 절대 아이를 줄 수 없다고 주장한다.

자녀 양육권이 없는 이주여성이 혼자서 체류 연장을 하기란 쉽지 않다. 양육권 없이 자녀 면접교섭권을 가지고 있는 경우에는 면접이 충실히 이뤄지고 있음을 증명해야 한다. 양육비 이체 내역, 면접 당일 사용한 영수증, 사진 등 구체적인 물증을 제시하라고 요구받는다. 아이의 아버지가 악의로 아이를 보여주지 않아도 그 사정은 들어주지 않는다.

법무부 매뉴얼에는 이혼에 대한 책임이 이주여성 당사자에게 없는 경우는 F-6-3에 해당하여 합법적인 체류 자격을 얻을 수 있다고 명시되어 있다. 그렇다면 이혼에 대한 책임이 이주여성에게 없다는 것을 어떻게 입증할 수 있을까? 출입국사무소는 혼인 파탄의 책임이 두 사람 중 누구에게 있는지를 판결문에 이주여성의 피해에 대한 위자료 지급이 포함되어야 한다고 요구한다. 따라서 이혼한 여성은 배우자(남편)에게 혼인 해소 귀책 사유가 있음이 판결문에 명시될 경우에 한해서만 합법적인 체류 자격을 얻을 수 있다. 이는 국제결혼 부부가 협의 이혼할 경우에는 외국인 배우자에게 한국 체류 자격이 인정되지 않는다는 것을 의미한다. 따라서 결혼이주여성이 한국 체류와 이혼을 동시에 원할 경우 협의가 가능하더라도 반드시 재판 이혼을 해야 한다. 국제결혼 부부의 이혼 중 재판 이혼이 급증하는 것은 체류 자격 확보를 위해 이혼 소송을 해야 하는 것에서 기인하는 것으로 풀이되고 있다.[*]

합법적인 체류 자격이 주어지지 않으면 이주여성은 미등록 체류 상태가 된다. 법무부에 따르면 한국인과 결혼해 입국했다가 미등록 체류가 되는 사람이 2015년에 1,966명, 2016년에는 1,433명이나 된다고 한다. 한 해에 이렇게 많은 수의 결혼이주민이 합법 체류 자격을 잃고 있다면 체류 자격 부여 과정 자체에 문제가 있다고 볼 수밖에 없다.

결혼이주여성이 체류 불안정을 해소할 수 있는 방법은 한국

---

[*] 김이선 외, 〈다문화가족의 해체 문제와 정책 과제〉, 한국여성정책연구원, 2010.

인으로 귀화하거나 영주권을 취득하는 방법밖에 없다. 결혼으로 이주한 외국인이 한국 국적을 취득하려면 한국인 배우자와 법률상 혼인신고를 하고 한국에 주소를 두고 2년 이상 결혼생활을 하고 있으면서 3,000만 원 이상의 재산이 있어야 한다. 위 조건을 갖춘 결혼이민자가 귀화 신청을 하면 출입국관리사무소에서는 신청자의 신원 및 범죄 경력을 조회하고 실제로 결혼생활을 하고 있는지 등 귀화 요건이 충족되는지 조사한다. 귀화 요건을 갖춘 것으로 인정되면 한국어 능력과 한국 문화, 풍습 등에 대해 이해하고 있는지를 파악하기 위해 면접 심사를 실시하고 품행 단정 여부도 판단한다. 이혼한 경우는 면접 심사를 더해 필수적인 조건으로 필기시험과 자국 국적을 포기해야 하는 절차를 밟아야 한다. 혼인 유지 중인 결혼이주민은 출신국 국적도 보유할 수 있는 복수 국적이 되는데, 이혼한 경우에는 이를 허용하지 않는 것이다.

쉽지 않은 귀화

결혼이주민들은 품행 미단정으로 체류 연장이나 국적 취득이 불허되는 어려움을 종종 겪는다. 책에 등장한 이주여성은 '아이 엄마가 아이를 안 키우고 도망갔다'는 시어머니가 한 말을 출입국사무소가 곧이곧대로 받아들여서 귀화가 거부됐다. 이외에도 각양각색의 어이없는 이유들이 '귀화 불허' 사례로 등장한다. 운영하던 작은 식당이 철거 위기에 처하자 '철거를 반대한 일로 벌금형 판

결혼이민자 간이 귀화 신청 현황

구분		2012년	2013년	2014년	2015년	2016년
신청자		11,812	10,729	7,456	8,882	9,396
불허자		3,201	3,781	3,653	3,883	1,821
불허사유	완전 출국	65	63	83	27	24
	기간 미충족	1	0	1	2	0
	소재 불명	0	0	0	1	1
	생계유지 능력 부족	65	30	62	103	41
	부모, 배우자 불허	57	53	144	42	0
	조사 불응	17	7	12	12	2
	서류 변조	1	35	36	108	2
	범죄 경력	283	240	366	360	183
	필기 2회 불합격	0	240	173	202	115
	면접 2회 불합격	896	2,363	2,146	2,553	1,280
	요건 미비	111	205	72	103	7
	기타	1,705	545	558	370	166

(단위: 명)

결을 받았다'고 해서 귀화가 거부된 이주민도 있고, '과거에 불법 체류자'였다고 해서 귀화가 거부된 이주민도 있다.

귀화가 불허된 이주민들은, 자신들의 어떤 행위가 품행 단정 요건에 어긋나는지는 명확하게 규정하고 있지 않아 답답해하지만 출입국관리사무소는 당사자에게 소명할 기회나 이의 제기할 여지를 두지 않고 있다. 결국 이주민은 행정 소송을 통해 판결을 구하게 된다. 재판부는 "품행 단정이라는 귀화 허가 요건이 막연하고 추상적이어서 법무부의 재량권 일탈과 남용이 문제"라고 지적했다. 그러나 여전히 품행 단정 요건은 모호하고 '품행 미단정'으로 귀화 불허를 통보받은 이주민은 제대로 된 대답을 듣지 못하고 있는 실정이다.

법무부가 더불어민주당 정춘숙 국회의원에게 제출한 〈결혼이민자 간이 귀화 현황〉에 따르면 결혼이주민의 한국 국적 취득이 '간이 귀화(혼인 귀화)'라고 해도 쉬운 것만은 아님을 알 수 있다. 2014년에 7,456명이 간이 귀화를 신청해 3,653명이 불허되었고, 2015년에는 8,882명이 신청해 3,883명이 불허되었으며, 2016년에는 9,396명이 신청해 1,821명이 불허 처분을 받았다. 불허 사유로는 면접 불합격이 가장 많아 2015년에는 2,553명, 2016년에는 1,280명이 면접에서 탈락했다. 다른 불허 사유보다 재량권이 발생할 소지가 많다는 점에서 적극적인 개선이 필요하다. 귀화가 불허될 경우 결혼이주민은 한국인과 결혼해서 살고 있음에도 여전히 외국인 신분으로 체류가 불안정한 삶을 살 수밖에 없다.

단지
여자라는
이유로

성폭력

기록 **허오영숙**

한국이주여성인권센터 상임대표

사람들이 말하는 내 고향 마을

베트남으로 가는 비행기 안, 한국 사람들이 많다. 대한항공 비
행기니까 그렇겠지. 처음 한국에 갈 때는 무슨 비행기를 탔는지,
한국 사람들이 얼마나 많았는지 기억이 나지 않는다. 겨우 5년 전
이었는데.

베트남은 얼마나 많이 변해 있을까? 한국에서 산 5년이 너무
길게 느껴져서 이제 베트남으로 영영 돌아가는 것이 실감이 나질
않는다. 금방이라도 한국의 익숙한 시가지를 활보하고 다닐 것만
같다. 이제 한 시간이면 도착한다는 베트남어 방송을 들으면서도
그런 생각이 든다.

베트남에 도착해서 이모를 만나면 현실 감각이 살아날까?

사람들이 설명하는 내 고향 마을은 그렇다. 베트남 북부의 산

악지대 소수민족, 베트남어가 아니라 우리가 쓰는 말이 따로 있는 집성촌. 그러니까 나는 베트남 54개 소수민족 중 하나인 따이족 사람이다. 우리 따이족은 허몽족과 풍습이 유사하다고들 한다. 그렇지만 어려서는 다른 소수민족을 보진 못했다. 나중에야 외부에서 내가 속한 소수민족을, 우리의 풍습을 어떻게 말하는지 들어서 알았을 뿐이다. 한국에서 재판하는 동안에는 더 많이 알게 되었다. 나도 몰랐던 우리 민족의 생활풍습을 실컷 들었기 때문이다. 특별히 '빳버'에 대해서. 베트남어로 '빳버' 또는 '끄업버'라고 하는 이 말을 설명해야겠다. '빳'은 '잡아둔다', '끄업'은 '강탈하다'란 뜻이고, '버'는 아내를 뜻한다. 그러니까 '빳버' 내지 '끄업버'란 남성이 맘에 드는 여성을 강제로 끌고 가서 아내를 삼는 풍습을 말한다. .

　　나는 사실 말하고 싶지 않았다.

　　내가 어떻게 '빳버'를 당했는지 말하고 싶지 않았다. 한국 사람들이 이해하기도 어려울 테고, 이상한 풍습을 가졌다고 우리를 무시할 것 같았다. 재판 때문에, 너무 억울해서 말하다보니 여기까지 왔다.

　　나도 싫지만 그게 현실이었다. 아이 티를 채 벗기도 전에 여자아이들이 빳버를 당한다. 당하면 당하는 대로, 우리는 속수무책일 수밖에 없다.

　　베트남 신문에 실린 '빳버' 내용이다.

메이라는 아이는 아직도 같은 초등학교 4학년이던 언니가 한겨울 추운 날에 세 명의 건장한 남자들로부터 질질 끌려가는 것을 잊지 못하고 있다. 언니는 끌려가지 않기 위해서 손으로 길가에 있는 풀을 잡아 뜯었다. 풀의 가시로 언니 손은 피범벅이 되었다. 언니가 살려달라고 비명을 질렀고 메이도 소리를 질렀다.

잠시 후, 메이는 아무 말 없이 가만히 서 있기만 했다. 더 이상 소리를 지르지 않았다. 그들이 자기까지 잡아갈까봐 두려웠기 때문이다. 언니의 손에 뿌리 뽑힌 풀이 있었고 언니의 모습이 산 뒤쪽으로 점점 멀어졌다. 그것이 메이가 마지막으로 본 언니의 모습이었다.

— 2013년 베트남《디엔퐁 신문》기사 일부

나도 기사 속의 메이와 다르지 않았다. 나는 2003년에 빳버를 당했다. 나중에 한국에서 재판을 할 때에야 내가 빳버를 당하기 바로 전해인 2002년에 베트남의 혼인과 가족법에서 조혼 관습을 배제하도록 규정했고, 빳버가 이미 불법이었음을 알았다. 그러나 여자에게 드리운 나쁜 제도들은 쉽게 사라지지 않는다. 지금 내 고향 마을 사람들이 이게 불법이란 걸 알고 있을까? 불법임을 안다면 남자들은 빳버를 안 하고 있을까? 아닐 것 같다. 나는 그때 고작 열세 살이었다……

빳버를 당하면 어떻게 되냐고? 납치한 남자에게 강간을 당한다. 그래야 여자가 도망갈 수 없으니까. 나는 3일 동안 갇혀서 강간당했고, 그 후에 남자는 우리 집에 가서 예물을 주고 나를 아내로 삼았다. 아무도 나를 구해주지 않았다. 다른 방식의 삶은 없었고, 있다 해도 알지 못했다. 나는 나이가 어려서 법적으로 혼인신고도 할 수 없었다. 납치당한 채로 살아야 했고, 임신을 했다. 납치한 남자가 수시로 나를 때리고 강간했다. 내 어린 몸으로 어떻게 그 삶을 견뎌왔는지 지금 생각해도 지긋지긋하다. 내 몸은 나의 것이 아니었다.

내가 임신을 하고 친정으로 왔을 때, 부모님은 나를 '부정 탄다'며 집 안으로 들이지 않았다. 우리 집이 조상님을 모시는 집이어서 그랬다. 할 수 없이 집 근처에 움막을 짓고 아이를 낳았다. 아이는 낳자마자 남자 집에서 데려갔다.

그 모든 것에서 도망쳐 한국으로 가다

열네 살의 나는 그 모든 과거로부터 도망쳤다. 다시는 고향으로 돌아갈 생각이 없었다. 다시는 내 삶을 그렇게 두고 싶지 않았다.

마을을 떠났다. 고향으로부터, 과거로부터 뛰쳐나온 나는 당장 갈 곳이 없었다. 남의 집 아이를 돌봐주며 살기도 했고, 식당에서 설거지를 하기도 했다. 가진 것이 아무것도 없었다. 미래가 나아지리라는 희망도 없었다. 비참한 삶을 살고 있었다. 그러다가 국제결혼에 대한 소문을 들었다. 어느 날 보니 주변 여기저기에서 대만이나 한국으로 결혼해서 가고 있었다. 베트남이 아닌 곳에서라면 새로운 미래를 설계할 수 있지 않을까 싶었다. 큰 기대는 없었다. 적어도 지금보다는 낫겠지 싶었을 뿐.

내게 국제결혼을 소개해준 언니는 한국 사람과 결혼했고, 결혼생활이 만족스럽다고 했다. 주변에서 한국 사람은 다들 잘산다고도 했다. 돈 많은 사람이 욕심나진 않았다. 단지 결혼해서 안정적이고 행복하게 살고 싶었다. 남편 될 사람이 나이가 많으니 결혼하면 아이를 바로 낳아야 되겠구나 하고 막연히 생각했다. 내가 아이를 낳고 잘 살면 나중에 다른 일도 자신 있게 할 수 있을 것 같았다.

한국에는 2012년 여름에 왔다. 시부모님, 남편과 함께 살게 되었다. 베트남에서 결혼을 소개했던 언니는 남편과 내가 분가해서 살 것이라고 했는데 그렇지 않았다. 시부모님이 재혼한 사실도 몰랐다. 시부모님과 따로 살 것이라고 들은 것 외에 남편의 아버지가 계부라는 사실을 한참 뒤에 알게 되었다. 남편이 나에 대해 알고 있던 정보도 사실과 달랐다. 남편과 시집에서는 내가 베트남에서 고등학교를 졸업한 것으로 알고 있었다. 나에게 왜 거짓말을 했느냐고 따지는데 할 말이 없었다. 나는 제대로 학교를 다니지 못했다고 베트남에서 중개업 통역에게 분명 얘기했는데, 한국에 전달된 내용은 달랐다.

결혼생활이 짧아서인지 이제는 별로 기억나는 일도 없다. 시어머니가 집안의 대소사부터 생활비까지, 집안일 하나하나에 다 간섭해서 답답했던 기억 정도가 남아 있다. 결혼생활은 5개월 정도 했나. 한국에 오기로 마음먹기까지 고민하고 기대했던 시간에 비하면 참 짧은 시간이었다. 더군다나 그 후에 오래오래 계속된 재판을 생각하면 말이다.

다시는 기억하고 싶지 않은 그 일

그 일은…… 다시 기억하기 싫다. 그래도 기억을 되살리는 것은 도망가지 않기 위해서다. 그 일이 나를 꽁꽁 싸매어 옴짝달싹 못하도록 놔두지 않기 위해서다. 그는 시어머니의 남편이자 내 남편의 계부였다. 그는 처음부터 나를 며느리로 생각하지 않았던 것 같다. 아마 계속 틈을 노리고 있었을 것이다. 5개월 만에 그 틈을 발견했고, 그는 놓치지 않았다.

겨울 어느 날이었다. 정오가 되기 전인 늦은 아침, 집에는 나와 시아버지만 있었다. 안방에 있는 시아버지에게 커피를 타다 드렸다. 그가 커피를 들고 들어간 내 손을 잡아끌었다. 그 바람에 넘어졌는데, 그 와중에도 시아버지가 실수로 그런 줄 알았다. 그러나 그는 옷 속으로 손을 넣어 내 가슴을 만졌다. 머릿속에서 사이렌 소리가 크게 울렸다. 본능적으로 내 방으로 도망갔다. 그는 엄마와 남편이 집에 없다고 말하면서 방으로 쫓아왔다. 한국말이 나오지 않아서 베트남어로 하지 말라고 소리치고 주먹으로 때리며 반항했다. 하지만 소용없었다. 그는 방 안에 있던 과도로 자신의 목을 가르는 시늉을 하며 손가락을 입에 대어 보였다. 한국 말을 몰라도 그것이 누구에게든 말하면 죽여버리겠다는 뜻임을 왜 모르겠는가. 두려웠다. 수치스러웠고, 부끄럽기도 했다. 시아버지의 협박이 아니어도 사실을 말한다 한들, 한국말을 못하는 내 이야기를 누가 믿어주겠나 싶었다. 같은 동네에 사는 베트남 친구에게 전화해서 하소연했지만 답이 없었다. 그저 무섭다고 하소연할 뿐이었다. 고민에 고민을 거듭해도 답이 없었다. 신세를 한탄하는 한숨만 늘었다. 그때 바로 신고했어야 했다.

열흘쯤 지났다. 시아버지가 자신이 운전하는 화물차에 타라고 했다. 같이 성당에 가자고 했다. 집에는 아무도 없어서 안 탄다고 거절할 수가 없었다. 가족들이 모두가 같이 일하는 상황에서 일을 하러 가지 않겠다고 할 수 없었다. 도착한 곳은 모텔이었다. 모텔이란 곳을 처음 갔기 때문에 그곳이 어떤 곳인지 알 수 없었다. 모텔 방에 들어가서야 상황이 파악되었다. '베트남 엄마' '동생 학교' 그가 한 말이었다. 내가 베트남 집 생각을 하면 반항하지 못할 것이라고 생각한 그의 저급한 말들이었다. 때리고, 손톱으로 할퀴고, 내가 할 수 있는 저항을 모두 해봤지만 소용이 없었다. 그 전날에도 부엌에서 라면을 끓이는 내 뒤로 와서 가슴을 만졌다. 그때 끓고 있는 라면을 그 얼굴에 집어던졌어야 했다. 그래도 시아버지라고 참은 것이 만만하게 생각한 것만 같았다.

그날 결심했다. 이대로 참으면 시아버지란 놈이 계속 나를 성적 노리개로 만들어갈 것 같았다. 더 이상 나를 이렇게 취급하도록 둘 수 없었다. 화장실로 도망쳐 베트남 친구에게 신고해달라고 했다. 한국말을 몰라서 경찰에 직접 신고할 수가 없었다. 그 친구에게 시아버지에게 강간당했고, 근처에 있는 친구 집으로 가겠다고 말했다.

그날 시아버지는 체포되었다. 그는 합의에 의한 관계라고 우겼다. 지난한 재판 과정이 계속되었고, 그 자체가 지옥이었다. 말도 안 되는 그의 말을 듣고 있어야 하는 것이 너무 억울하고 화가

났다. 오랜 재판 끝에 그는 징역 7년, 80시간의 성폭력 치료 프로
그램 이수, 10년간의 신상정보 공개 처분을 받았다.

더 이상 얽매이고 싶지 않아 떠난다

그런데 성폭력에 대한 재판이 끝나기도 전에 나는 또 다른 재
판의 주인공이 되었다. 남편이 내가 과거 베트남에서 '빼버' 되었
던 때의 출산 사실을 이유로 혼인 무효 소송을 낸 것이다. 한국에
서 이런 재판은 처음이라고 했다. 출산 사실을 속일 작정을 하고
결혼한 경우는 혼인이 취소가 된다는 거다. 그런데 나처럼 납치당
해서 애를 낳았던 경우도 혼인을 취소할 수 있는지가 쟁점이 되었
다. 내 이야기가 알려지면서 2,500명이 넘는 사람들이 탄원서를
냈다고 해서 무척 놀랐다. 변호사 선생님들은 돈을 받지 않고 나를
도와주었다. 쉼터에서도, 인권센터에서도 다들 나를 응원해주었
다. 왜 나를 도와주는지 정확히 이해하기 어려웠지만 어렴풋이 알
수 있었다. 내 잘못이 아니라고 쉼터 선생님들이 말하는 것이 진짜
일 수도 있다는 사실을.
5년간의 긴 재판 과정 끝에 결국 나는 졌다. 그래도 나를 도와
준 한국 사람들한테 고맙다. 나를 알지도 못하는 수많은 사람들이
도와주었다는 사실만으로 앞으로 살아갈 힘이 난다. 하지만 이제
더 이상 이 일에 얽매이고 싶지 않다. 그래서였다. 결국 혼인 취소
결정이 나고, 내 체류를 위해 다시 싸워보자고 한 것을 거절했다.

그리고 나는 오늘 베트남으로 돌아가는 비행기를 타고 있다.

한국에서 겪었던 일을 두고 떠나간다. 베트남에 가더라도 '빳버'를 생각나게 하는 고향 마을로는 돌아가지 않을 것이다. 새로운 곳 어딘가에서 새로운 삶을 다시 시작하려고 한다.

용기 있는
한 여성의
분투가 남긴 것

이미경 | 한국성폭력상담소 소장

한국 법원의 참담한 판결

　지금까지 그가 살아온 여정은 가슴 먹먹한 순간들의 연속이다. 열세 살에 '빼버'(약탈혼)를 당하고 임신과 출산을 겪었다. 그리고 한국으로의 결혼이주! 여기까지만으로도 그가 어떻게 삶을 견디며 살아왔을지 상상조차 하기 어렵다. 그가 한국행을 결심했을 때는 새로운 삶에 대한 희망의 끈을 잡는 심정이었으리라. 가족과 떨어져 언어도, 문화도 다른 나라에서 처음 본 사람을 남편으로 맞아 살아갈 결심을 한다는 것은 보통의 '절박함'과 '용기'가 아니면 가능하지 않았을 것이다. 그렇게 시작한 한국 생활 5개월 만에 다시 의붓 시아버지에게 강간 피해를 입었다. 그는 성폭력 가해자를 고소했고, 항소심이 진행되는 동안 시집에서는 '혼인 무효 소송'으로 그를 고소했다. 그는 재판 과정에서 '빼버'와 출산 사실 등 알리고 싶지 않은 사생활이 만천하에 낱낱이 드러나는 고통을 겪었다. 이주여성인권센터를 비롯한 여성인권단체들의 적극적인 지원에도 불구하고 법원은 그의 혼인을 취소하는 판결을 했다. 정부의 출국 명령으로 결국 베트남으로 돌아가는 비행기를 타야만 했던 그에게 우리는 "미안합니다"라는 말밖에 할 수 없었다.

이번 사건에서 그는 시아버지에 의한 성폭력 건은 승소했다. 그러나 혼인 전 베트남에서 다른 남자와 상당 기간 사실혼 관계를 유지한 점, 나이와 학력을 속인 점 등을 들어 혼인 무효 소송에서는 패소했다. 이 소송에서 법원은 "피고의 사실혼 전략과 출산 전력 등은 원고가 피고와의 혼인 의사를 결정함에 있어서 매우 중요한 요소라 할 것인데, 피고는 이에 대하여 원고에게 제대로 알리지 않았고, 원고가 이러한 사실을 알았더라면 피고와 혼인신고를 하지 않았을 것으로 판단되므로, 이는 민법 제816조 제3호 소정의 혼인 취소 사유인 '사기로 인하여 혼인의 의사 표시를 한 때'에 해당된다"고 판단했다.

한국 법원은 그가 겪었던 강간과 출산이 한국의 형법, 아동·청소년의 성보호에 관한 법률, 베트남의 혼인과 가족법 및 형법, 그리고 유엔의 국제인권규약까지 위반한 심각한 인권 침해의 결과*인 점을 간과했다. 대법원까지 갔던 혼인 무효 소송의 결과는 그가 겪었던 성폭력 피해의 특성을 고려하지 않은 참담한 판결이

---

* 2014년에 피고(반소원고)의 소송 대리인 임견주, 소라미, 위은지 변호사의 준비서면의 내용. 유엔 여성차별철폐협약 제16조는 "아동의 약혼과 결혼은 아무런 법적 효과를 갖지 않는다"고 적시하고 있다.

다. 이로 인해 그는 강제로 한국을 떠나야만 했다. 아동기의 성폭력 피해와 출산 경험이 결혼생활 중 발생한 시아버지에 의한 성폭력 사건으로 인해 '혼인이 취소'된 반인권적인 현상이 벌어진 것이다. 이 나라 국민으로서 정말 부끄럽다.

성폭력 피해자들의 2차 피해

특히 과거 베트남에서의 성폭력 사실과 임신·출산의 경험이 10년이나 세월이 흐른 뒤, 한국에서 발생한 다른 성폭력 사건의 재판 과정에서 피고인 측의 변호인에 의해 밝혀졌다는 점에 주목할 필요가 있다. 통상적으로 성폭력 피해자들은 형사사법 절차에서 진술권과 같은 참여권과 인격권 및 신변보호권, 정보권, 피해보상권 등의 법적 권리를 갖는다. 피해자 권리의 확장에는 그동안 형사 절차에서 주목하지 않았던 수많은 피해자들의 희생과 분투가 중요한 밑거름이 되어왔다. 그럼에도 한국성폭력상담소(2012)에 의하면, 수사와 재판 과정에서 전체 고소인의 25퍼센트가 2차 피해를 겪고 있어 피해의 심각성이 매우 크다. 성폭력 피해자들이 형사사법 절차에서 겪는 2차 피해 중 인격권과 신변보호권의 침해는 피해자의 일상에 치명적인 영향을 준다. 현행 형사소송법에는 성폭력 피해자 보호를 위해 그 증거 능력을 제한하는 규정은 없다. 다만 형사소송규칙 제74조와 제77조에서 반복되는 질문, 위협적이거나 모욕적인 질문, 증인의 명예를 해치는 질문에 대해 제한할 수 있도록 하고 있을 뿐이다. 따라서 성폭력 피해자가 법정에서 증언하게 되는 경우, 그 증인 신문의 내용으로 2차 피해를 입지 않도록 하는 보호 방법은 증인 신문을 지휘하는 재판장의 전적인 권한으로 맡겨진 셈이다.

형사사법 절차에서 주된 2차 피해의 요인으로 지적되는 피해자의 과거 성이력 공개와 관련한 외국의 법제도*는 우리보다 촘촘하게 피해자 권리를 보장하고 있다. 미국의 경우 대부분의 주에서 피해자의 성이력 관련 정보 사용을 금지하는 강간 피해자 보호법Rape Shield Law을 두고 있다. 피해자의 성이력 관련 정보는 당해 사건 성폭력 행위에 대한 동의 여부에 관한 증거로 사용하기 위하여 피고인과의 특정한 이전 성관계를 증명할 목적 또는 임신 원인, 질병, 피해자의 몸에서 발견된 정액에 관하여 피해자가 제출한 증거를 반박할 목적 등이 아닌 한 일반적으로 증거로 사용될 수 없다. 워싱턴주에서는 피해자의 과거 성행위는 이러한 예외적 사유가 있는 경우에도 증거로 제출될 수 없도록 하고 있다. 영국도 1976년 성폭력 범죄법Sexual Offences Act에서 피해자와 피고인과의 과거 성적 경험 증거나 신문은 언제나 가능하지만, 다른 사람과의 성적 경험에 대한 증거나 신문은 판사가 허용을 거부하는 것이 피고인에게 불공정한 경우에만 제한적으로 허용되었다. 이 제도의 실효성에 비판의 목소리가 높아지자 새롭게 마련된 규정이 YJCEAYouth

---

★   장필화·이미경 외, 〈여성·아동·장애인 성폭력 피해자 증인 보호와 지원에 관한 연구〉, 《법원행정처 연구용역 보고서》, 2012.

Justice and Criminal Evidence Act, 1999 제41조이다. 성폭력 범죄 재판에서 피고인 측이 고소인의 사건 외 성적 행동에 대한 증거를 제출하기 위해서는 법원의 허가를 받도록 하고 있다. 캐나다의 경우도 연방형법 규정에 의해 피고인이 고소인의 성적 이력에 대한 증거 사용을 허가받기 위해서는 제출하고자 하는 증거의 상세한 내용 및 쟁점과의 관련성을 기재한 서면으로서 사전에 심문을 신청해야 하고, 판사는 이를 심사하여 실체적, 절차적 요건을 충족하면 심문기일을 열고 증거 허용 여부를 결정한다. UN여성차별철폐위원회에서는 2018년 3월, 한국 정부에 성폭력 피해자의 과거 성이력을 증거로 사용하지 말 것을 권고했다. 그런데도 한국 법원은 형사소송에서도 사용할 수 없도록 한 개인의 과거 정보를 혼인 무효 판단에 주되게 사용한 것이다.

한국 사회의 일천한 인권 지표

이 사건은 우리 사회의 일천한 인권의 지표를 그대로 보여주고 있다. 무엇보다 결혼이주여성인 그가 겪었던 중첩된 인권 침해 현실에 참담함과 공분을 금할 길이 없다. 고작 열세 살의 나이에 성폭력 피해를 겪었다면 이후 진행되는 몸의 변화나 과정에 대한 인지도 부족한 현실에서 임신 중단**이나 출산 등을 선택할 수 있는 '성적 자기결정권'의 행사는 요원할 수밖에 없다. 더욱이 부모나 다른 가족들이 그를 제대로 돌보고 지원할 수 있는 여건이 아닌 상황에서 그가 겪었을 심리적 불안과 공포는 트라우마로 남았을 것이다. 그렇게 겪어냈던 시간들이 10년 후 한국에서의 삶 또한 파괴해버린 요인이 된 것이다.

안타깝게도 우리 사회는 성폭력 피해로 인한 출산 경험이 있었던 베트남 여성이 한국인과 결혼해서 살 권리가 있음을 존중하는 토양을 전혀 갖추지 못했다. 성폭력은 아직도 신고율이 10퍼센트 미만에 머물고 있고, 오히려 피해자를 비난하고 의심하는 사회적 분위기도 여전하다. 성폭력 피해로 인한 임신이 연간 몇 건이나 발생하는지, 그리고 피해자들이 임신 중단이나 출산의 과정에서 어떤 문제를 겪고 있는지에 대한 구체적인 조사 연구나 통계 자료도 찾기 어렵다. 그러니 열세 살 그가 베트남에서 겪었던 성폭력 피해로 인한 임신의 특수성과 그 고통을 한국에서 전혀 이해할 수 없는 것은 어쩌면 '당연한 결과'일 수밖에 없다.

2012년 전국성폭력상담소협의회와 한국성폭력상담소가 전국 111개소의 성폭력 피해자 지원 기관을 대상으로 조사 연구한 자료***에 의하면, 2012년을 기준으로 3년 6개월 동안 총 12만 368명의 내담자 중 2,362명(1.96퍼센트)이 임신 관련 상담을 한 것으로 나타난다. 이 지표가 상담 기관에 접수된 사례들이라는 점을 감안하면, 실제로는 훨씬 많은 수의 여성들이 성폭력으로 인한 임신,

---

** 여성단체에서는 낙태라는 용어가 임신한 사람에 대한 비난을 내포한다는 문제의식에서 최근 '임신·출산 선택권' '임신 중단권' 등으로 대체하여 사용하고 있다.

*** 이미경 외, 〈성폭력 피해로 인한 인공 임신 중절수술 지원 실태 및 개선 방안 연구〉, 전국성폭력상담소협의회·한국성폭력상담소, 여성·아동폭력 피해중앙지원단, 2012.

출산의 문제에 노출되어 있음을 짐작해볼 수 있다.

성폭력 피해의 결과로 임신을 한 여성들은 성폭력 사건 자체로 겪는 분노와 혼란, 고통을 넘어 신체적·정신적으로 또 다른 심각한 피해에 직면하게 된다. 임신 중단을 선택하고 싶어도 피해자들은 '강간임을 입증'해야 하는 문제에 가로막혀 그 권리를 제대로 행사하지 못하고 있는 실정이다. 형법에서는 낙태를 불법으로 규정하고 있지만 모자보건법에서 성폭력으로 인한 임신 등의 경우 임신 중단을 허용하고 있다. 그러나 현실은 '법 따로 현실 따로'이다.

이러한 현실에서 그는 우리에게 커다란 '울림'을 주고 떠났다. 처음 베트남에서 국경을 넘어 한국에 왔다가, 처참하게 공격받고 무너진 채로 다시 국경을 넘어가면서도 그는 이 상황을 결코 원망과 한탄만 하지는 않았다. '베트남 새로운 곳에서 새로운 삶을 다시 시작하겠다'는 의지를 보인 그에게 감동하지 않을 수 없다. 이제는 고국 베트남에서 용기 내서 새로운 삶을 살고 있을 그에게 온 마음으로 응원과 지지를 보낸다. 그리고 "미안합니다"라는 말 대신에, 이 땅에 더 이상 그와 같은 피해자가 없도록 제대로 인권 운동을 해나갈 것을 다짐한다.

2부

현장에서 뛰는
이주여성들

이주여성들이 당당하게 살 수 있도록

홍매화

서울이주여성쉼터 중국 상담원

중국에서 왔다고 하니 색안경을 끼고 봤다

나는 현재 서울이주여성쉼터에서 상담원으로 일하는 중국에서 온 이주여성이다.

세월은 유수같이 흘러 어느덧 한국에 온 지도 벌써 만 22년이 넘었다. 지금껏 한국에 살면서 한국의 모든 것에 미운 정 고운 정이 들었다. 20대 초반까지가 제1의 인생이었다면 지금은 과거에 연연하지 않고 한국에서 제2의 인생을 행복하게 살아가고 있다.

한국에 오기 전 나는 스물다섯 살까지 농업과학연구소 연구원으로 일하던 부모님 밑에서 곱디곱게 자랐다. 남들이 모두 부러워하는 삶을 살았다. 대학교를 졸업한 후에는 모 의과대학에서 일본어를 가르치며 한국에서 온 유학생들과 어울리면서 한국 문화와 한국 사람들을 많이 접했다. 당시 남성우월주의에 빠져 있던 가부장적인 조선족 남자들을 보면서 결혼 상대자로 차라리 토종 한국인이 더 낫겠다는 생각을 했고, 그러던 차에 한국인과 사랑에 빠져 한국에 오게 되었다. 지금 생각해보면 결혼하기 전부터 가부장적인 사고방식을 싫어했던 내면의 자아가 지금 이주여성 활동가로 현장에서 일하게 된 중요한 시발점이 아니었나 싶다.

내가 한국에 온 1995년 당시에는 이주여성들이 지금처럼 많지 않았다. 중국에서 왔다고 하면 사람들이 우선 색안경을 끼고 봤다. 중국은 화장실에 휴지도 없고 모든 것이 싸구려에 가짜가 판치는 아주 낙후한 나라로 알았고, 한국에 온 조선족은 모두 위장결혼을 하고 와서 돈 벌고 도망간다는 인식이 지배적이었다.

당시 한국에 노동자로 온 사람들은 중국 내에서 번듯한 직장이 없이, 한국에 오면 큰돈을 벌수 있을 것이라는 기대감으로 오는 사람들이 대부분이었는데 나는 그런 사람들과 비교당하는 것도, 다른 사람들의 주목을 받는 것도 싫었다. 한국에 와서 처음 구한 일자리가 섬유회사 사무실이었는데 외국인이어서 한국 실정을 잘 모른다는 이유로 무시를 많이 당했고 차별도 받았다. 환경의 변화와 중국에서의 삶보다 못한 경제적인 어려움으로 많이 힘들었지만, 자존심상 중국에 다시 돌아가기가 싫어 거의 매일 화장실에 가서 한바탕 서럽게 울고 나와 다시 일했던 기억이 있다. 하지만 나는 '젊어서 하는 고생은 돈 주고도 못 산다'는 말을 마음속으로 되새기면서 이를 악물고 버텼고 1년여 만에 고향에 아파트도 사놓게 되었다.

그 후로도 많은 어려움이 있었지만 나는 목표를 정하고 그 목표를 이루기 위해 악바리처럼 버텼다. 그리고 얼마 후 한국에서의 어두웠던 초반 생활을 청산할 마음으로 대구에서 서울로 상경하게 되었다.

서울에서 처음 버스를 탔을 때의 일이다. 버스 요금이 얼마인지, 어떻게 표를 사는지 몰라 정류장에 한참 두리번거리며 서 있다가 버스를 탔다. 수중에 만 원 권밖에 없어서 만 원을 내밀었더니 기사가 다시 한 번 나의 얼굴을 이상하다는 듯이 쳐다보고는 잔돈이 없으니 그냥 타라고 했다. 무척 창피했지만 한편으로는 감사한 마음이 들었다. 시장에 가서 물건을 들고 가격이 얼마냐고 물어도 사람들이 북한 억양의 말투 때문에 다시 한 번 쳐다보고 고향이 어디냐고 물어보곤 해서 말 한마디 꺼내기가 두려웠던 적도 있었다. 지금은 한국이 많이 세계화되었고 다문화 사회가 되어 외국인들도 많지만 피부색, 언어가 다른 나라에서 온 이주여성들은 어쩌면 나보다 더 힘든 외로움과 고통을 겪고 있을 거라는 생각을 해본다.

생각보다 심각한 이주여성들의 상황

이후 나는 대학원에 진학해 내가 원하던 공부를 하게 되었고 다문화 가정 IT 방문 지도사 일을 하게 되었다. 이주여성들 가정에 정기적으로 방문하면서 더욱더 밀접하게 이주여성들의 삶을 들여다볼 수 있었다. 이주여성들의 어려움에 대해 인식하고 고충을 들어주면서 이주여성들을 공감하고 이해할 수 있었다.

그러던 차에 이주여성의 인권 향상을 위해 앞장서고 있는 한국이주여성인권센터를 알게 되었다. 그곳에서 가정폭력 상담원 교육을 받고 여성인력개발센터에서 이주여성을 위한 상담원 교육을 받으면서 더욱더 상담사 일에 관심을 갖게 되었다.

이주여성의 수가 증가하면서 사회적 이슈로 다뤄지고 있지만, 여전히 이주한 지 얼마 되지 않은 여성들은 한국 사회에 대한 이해 부족과 문화적 차이로 가족 간의 갈등을 겪고 있는 것을 많이 볼 수 있었다. 나도 비슷한 상황에서 한국 사회에 발을 붙이려고 안간힘을 쓰며 노력한 경험이 있다. 여러 가지 어려움들을 나 나름대로 이겨냈기 때문에 이주 초기 여성들이 하루빨리 안정된 한국 생활을 할 수 있도록 돕는 훌륭한 멘토 역할을 할 수 있다고 자부할 수 있었다.

하지만 막상 지인의 소개로 이주여성쉼터라는 직장에 들어와 상담을 하니, 현장에서 느끼는 이주여성 입소자들의 상황은 생각보다 더 심각했다. 남편에게 술병으로 머리를 맞아 피부가 찢긴 채 자살을 결심하고 한강까지 갔다가 택시 기사가 경찰에 신고해 쉼터에 오게 된 여성, 한국에 온 후 10여 년간 남편이 운영하는 가게 주방에서 일만 하다 한국어도 제대로 배우지 못하고 결국 이혼까지 당해 돈 한 푼 없이 쉼터로 온 여성, 신용불량자 남편에 장애가 있는 큰아이, 임신한 둘째까지 건사하는데도 시부모님에게 온갖 구박을 받다 친정에 잠깐 쉬러 간 사이 일방적으로 이혼당하고 동시에 큰아이의 친권과 양육권까지 박탈당한 채 둘째 아이를 친정에서 낳은 후 쉼터로 온 이주여성, 남편에게 맞아 목뼈가 부러져

수술을 하고, 출산 다음날부터 일하라고 볶는 남편 때문에 어쩔 수 없이 일을 하는 이주여성. 이렇게 수많은 어려움에 처한 이주여성들이 쉼터로 찾아왔다.

그러나 그 이주여성들은 쉼터라는 안정된 곳에 있으면서도 항상 불안, 두려움과 공포에 떨고 있었다. 낯선 이국땅에서 남편만 믿고 살아보려 했지만 참고 견디다 못해 결국엔 상담센터를 찾거나 쉼터에 오기까지 얼마나 외롭고 두렵고 막막했을까. 안타까운 마음에 안아주기라도 하면 그들은 눈물을 뚝뚝 흘리기도 했다. 시간이 지나며 그들은 쉼터에서 같은 처지의 다른 입소자들과 친하게 지내고 자국 음식도 해 먹고, 쉼터에서 진행하는 개인·집단 상담, 심리 정서 안정·인간관계 치료 프로그램에 참석하면서 조금씩 나아지는 모습도 보였다.

하지만 어쩔 수 없이 또다시 미래에 대한 불안과 걱정에 감정 기복이 심해지고 그 답답함을 사무실에 와서 선생님들에게 호소하기도 한다. 특히 중국 출신 입소자들은 나와 같은 이주여성이라는 처지에 자국어로 대화도 하면서 좀 더 마음을 열고 한국에 대한 불만들을 거리낌 없이 털어놓을 수 있어서 좋다고 하기도 했다. 그들이 그동안 아무에게도 하지 못했던 얘기들을 실타래 풀듯이 풀어놓으면서 이렇게라도 들어주는 사람이 있어서 살 것 같다고, 막막했던 한국 생활에서 지지해주고 공감해주는 쉼터가 있어서 참 다행이라고 할 때 나는 이주여성의 편이 되어주고 이주여성을 아낌없이 후원해주는 이주여성인권센터에 감사했다. 이주여성의 인권에 혼신의 힘을 다하는 대표님이 그렇게 위대해 보일 수가 없었다.

쉼터 상담원, 더 없는 자부심

쉼터에 상담원으로 들어간 초기에는 이주여성쉼터라는 곳의 특성상 겪어보지 못했던 돌발 상황과 응급 상황이 자주 발생해 정신이 없었다. 입소자와 동행해서 남편이 살고 있는 집으로 가 남편과 상담하는 과정을 지켜보면서 상담원으로서 위험을 무릅쓰고 이렇게까지 해야 할 필요가 있나 하는 의문이 들 때도 있었다. 경찰과 동행해 남편이 살고 있는 집을 방문했을 때는 남편이 흥분해서 혹시 위험한 상황이 발생하면 어쩌나 가슴을 졸인 적도 있었다. 쉼터 내에서도 입소자들끼리 다툼이 발생하면 양쪽 이야기를 다 들어주고 중재를 해야 했고 인간관계에 어려움을 겪는 입소자들은 이야기를 들으며 공감을 해주었다. 가끔은 사고 틀을 바꿔주는 설득 작업도 함께해야 해서 답답함을 느낄 때도 있었다.

나는 어려움이 있으면 선주민 상담원 선생님들에게 꼬치꼬치 캐물었다. 선생님들은 그런 나에게 자세하게 설명을 해주면서 대응 방법과 요령들을 꼼꼼히 알려주었다. 하지만 쉼터에 근무하던 초기에 서투른 나를 선주민 상담원 선생님이 따끔하게 혼낼 때는 서운해서 눈물을 흘리기도 했고 이주민이라고 나를 차별하는 것은 아닌가 하고 서러워하기도 했다.

지금은 쉼터에서 상담원으로 근무한 지 어언 6년 차. 그동안 나는 역량 강화의 필요성을 느껴 사회복지 공부를 시작했고, 성폭력 상담원 교육을 이수했다. 취업은 쉼터 입소자들이 자립하는 데 제일 중요한 부분이기에 나는 그들에게 조금이라도 더 도움이 될 수 있기 위해 직업상담사 자격증 공부도 틈나는 대로 하고 있다. 내가 담당했던 이주여성 중 최근 쉼터에 있는 동안 고용지원센터에서 꾸준히 교육받은 후 두 차례 도전 끝에 국가자격증을 취득한 입소자가 있었다. 당사자는 물론 동반 아동도 '엄마가 최고'라고 뿌듯해하는 것을 보고 더없이 자부심을 느꼈다.

이주여성들의 더 밝은 미래를 향해

나는 그동안 한국 사회에서 내가 받았던 좋은 에너지와 긍정적인 마인드를 이주여성 선배로서 쉼터에 입소한 모든 입소자들에게 전달해주고 싶다. 그들이 두려움을 떨쳐버리고 용기를 갖고 자신감을 회복해서 낯선 한국 땅이지만 떳떳하게, 지금보다 훨씬 더 나은 안정적인 삶을 살아갈 수 있도록 지지해주고 역량을 강화하는 데 도움을 주고 싶다. 이주여성 당사자 활동가로서 단계별 목표를 만들어 끊임없는 자기계발과 성장, 통찰을 통해 나 자신의 자질을 높이고 좀 더 전문적인 상담원으로 거듭나 이주여성 후배들에게 훌륭한 본보기 역할을 하려 한다. 이주여성들에 대한 차별과 편견이 없는 한국 사회를 만들기 위해 앞장서서 노력하며, 이주여성들이 더 힘차고 당당하게 사회의 일원으로 살아갈 수 있도록 온 힘을 다하고 싶다.

이주여성,
우리가
목소리를 낼 때

한가은(레티마이투)

한국이주여성인권센터 사무국장

나의 한국 적응기

10년! 통·번역 자원봉사자로 시작해 현장에서 가정폭력 피해 이주여성을 지원한 지 10년이 되었다. 나는 2005년 가을에 베트남에서 한국으로 왔다. 양쪽 길에 노란 은행나무 잎이 조금씩 떨어지기 시작하던 쌀쌀한 날씨였다. 막상 그렇게 가고 싶었던 한국에 왔는데 내가 생각했던 삶과 너무나 달라서 놀라웠다. 거대하고 복잡한 길에서 사람들은 어디론가 바삐 움직였지만 지인이라곤 한 명도 없었던 나는 갈 수 있는 곳이 없었다.

한국으로 왔던 그 당시는 지금과 달리 비자 발급을 위한 한국어 교육 및 능력 시험이 필수가 아니었다. 내가 그때 할 수 있는 한국말이라고는 인사 정도와 어딜 가든 필요한 단어 '화장실'뿐이었다. 국제결혼을 통해 한국에 들어와 사는 이주여성들도 많지 않았던 때여서 한국어 교실을 하는 곳도 별로 없었다. 한국어를 배우고 싶어도 정보가 없어서 주로 집에서 혼자 TV를 보고, 사전을 보며 단어 공부를 했다. 처음엔 TV를 봐도 말이 빨라서 알아듣지 못했다. 그래서 한국 영화나 한국어 자막이 나오는 영화를 봤다. 한국 지리도 잘 몰라서 혹시나 길을 잃어버려 집으로 돌아가지 못할까봐 집 밖에 혼자 나가는 것도 두려웠다. 그러던 중 우연히 동네 베트남 친구를 통해 한국이주여성인권센터(이하 이여인터)를 만나게 되었고 그것은 내 인생의 큰 전환점이 되었다.

나는 이여인터에서 한국어 교육과 컴퓨터 교육을 받았고, 이후 자원 활동을 하게 되었다. 이여인터에는 이주여성을 위한 교육·문화 프로그램이나 다양한 인권·복지 서비스를 지원하고 있었기 때문에 상담 문의를 하는 이주여성이 매우 많았다. 나는 한국어가 어려운 베트남 이주여성들에게 내가 받았던 한국어 교육을 소개하거나, 통·번역 활동을 통해 이주여성과 선주민 활동가를 연결하는 역할을 했다. 그렇게 자연스럽게 인권 활동에 첫발을 내디뎠다. 자원 활동을 하며 만난 이주여성들은 한국에 처음 왔을 때의 내 모습과 똑 닮아 있었기에 나는 그들이 한국에서 안정적으로 정착할 수 있도록 진심으로 돕고 싶었다.

2007년 여름 어느 날, 이곳에서 한국어 공부를 한 지 1년도 되지 않았을 무렵이었다. 이여인터에서 정식 활동가로 일해보지 않겠느냐는 제안을 받았다. 인권 활동가로서 잘 활동할 수 있을지 고민이 되기도 했지만 그것도 잠시, 나처럼 이주해온 누군가에게 도움을 줄 수 있다는 것이 너무나도 보람된 일이지 않을까 생각하며 하루 만에 그 제안을 받아들였다. 나는 그렇게 정식으로 이주여성 인권 활동가의 길에 들어서게 되었다.

이주여성이 인권 활동가로 살아간다는 것

이주여성이 한국에서 인권 활동가로 활동한다는 것은 매우 어려운 일이었다. 활동 초기에는 한국말과 컴퓨터가 능숙하지 않아서 짬을 내어 공부해야 했으며, 나의 주요 업무인 통·번역 업무 외에 회계, 한국어 교실, 다양한 교육·문화 활동 프로그램을 보조하고 전화 상담 업무 등도 맡아 해야 했다. 이여인터는 다양한 단체들과 연대하고 있는데, 이러한 단체들의 이름과 활동 내용들을 제대로 이해하지 못해 애를 많이 먹었다. 단체의 홈페이지에 들어가 단체 소개를 읽어봐도 이해하기 쉽지 않았다. 모르는 단어가 많았고, 그 단어들을 사전으로 검색하는 것만 해도 많은 시간이 걸렸다.

한국어 교실을 담당했을 때는 한국어가 서툴러서 '보이스피싱'으로 오해를 받은 적도 있었다. "안녕하세요, 한국이주여성인권센터입니다"라고 말을 하는 순간 상대방이 "너 보이스피싱이지?" 하고 전화를 끊어버린 적도 있었고, 한국인을 바꿔달라는 요청에 주눅이 들기도 했다. 어려운 상담 전화가 오면 어떻게 대응해야 하는지 잘 몰라 곤혹스러울 때도 있었다. 우리 센터는 이혼을 부추기는 곳이라며 아이와 아내를 내놓으라는 남편이 있는가 하면, 내 말

투로 이주여성임을 알아차리곤 바로 반말을 하는 남편, "너 같은 베트남 여자들은 똑같은 쓰레기"라고 욕을 하는 시가족도 있었다. 이런 일들은 지금도 나뿐만 아니라 다른 출신국의 이주여성 상담원들이 자주 겪는 일이다.

한번은 이곳이 자신들이 땀 흘려 번 돈, 세금으로 만들어진 것 아니냐며 민원을 넣겠다고 당당하게 협박하는 남편도 있었다. 내가 "우리 단체는 NGO이며 시민들의 후원으로 만들어진 단체"라고 하자 조금 전까지 당당하게 협박했던 그 남편은 말없이 전화를 끊어버렸다.

가장 힘든 사업 중 하나였던 공공 기관 개선 프로젝트는 이주민들이 공공 기관에서 겪는 불편이나 차별을 파악해 해당 기관인 출입국관리사무소, 경찰서, 법원, 병원, 보건소, 구청과 주민센터 등에 이주민들의 의견을 전달하고 개선을 요청하는 프로젝트였다. 기관들과의 소통이 더뎌 진행이 힘들었는데, 내가 한국말에 능숙하지 못해서가 아니라 공공 기관의 이주민 차별이 사회에서 만났던 차별과 별반 다르지 않았기 때문이었다. 프로젝트를 통해 조사된 내용에서 이주민들이 공공 기관을 찾았을 때 제일 힘든 점으로 '불친절과 반말'이 많이 나왔다. 나는 지금 한국말도 능숙하고 오랜 활동 경험으로 다양한 업무를 수행·담당하고 있지만 나 역시 이러한 경험을 최근에도 겪었다. 공공 기관에서 공무원이 센터를 방문했는데, 내가 기관 내방을 담당하고 있는 터라 그 공무원을 상담실로 안내했다. 그런데 그는 잠시 앉았다가 밖으로 나와 다른 한국인 활동가와 대화를 했다. 한국인 활동가도 나를 담당자라고 소개했지만 그 공무원의 태도는 별로 달라지지 않았다. 이주여성 기관을 방문하고 그 기관에 대해서 알아보고자 하면서 그렇게 이주여성을 무시해도 되는지 묻고 싶었다.

선주민, 이주민 기관들과 만나 회의하는 일도 꽤나 어려웠는데, 회의는 한국말로 진행되기 때문에 자료도 빨리 읽어야 했고, 사람들의 말 속도도 빨라 이해하기가 어려웠다. 어떤 때는 회의 내용을 이해하지 못했어도 회의의 흐름이 끊길까봐 물어보거나 다시 설명해달라고 하지 못했다. 그러나 나는 센터를 대표해서 회의에 참여한 터라 센터의 입장에서 이야기를 잘해야 했고, 그 책임감 때문에 무척 힘들었다.

상담 경험이 어느 정도 쌓인 뒤로는 가족 상담을 맡았다. 상담 초기, 한국에 입국한 지 3개월밖에 안 된 베트남 여성의 상담을 맡았다. 한국어를 잘 몰랐고 남편만 믿고 한국에 와서 사소한 도움을 요청 할 곳 하나 없었던 그 여성은, 한국에 처음 와서 모든 것이 답답했던 이전의 내 모습을 떠올리게 했다. 그 여성의 남편은 심한 알코올중독으로 매일 술을 마시고 폭력까지 행사했다. 상담센터의 도움으로 쉼터에 입소해 개인·부부 상담을 진행했지만 그 여성은 남편의 긴 설득 끝에 귀가하기로 했다. 그 후 한 달도 되지 않아 그 여성은 다급한 목소리로 나에게 전화했다. '남편이 어젯밤 다시 술을 먹고 폭력을 행사하려 했고, 방문을 잠그고 피신하자 밤새 방문고리를 칼로 긁었다. 너무 급한 마음에 휴대 전화도 두고 가서 도움을 요청할 수 없었고, 큰 소리로 도움을 청하고자 했으나 한국어도 모르고, 도와달라는 단어가 한국말로 무엇이었는지 생각이

나지 않았다. 문이 열릴까봐 벌벌 떨면서 밤을 샜고 여차하면 창문으로 뛰어내리려고 준비했다'고 말했다. 생명의 위협을 느낀 여성은 남편으로부터의 분리와 이혼을 요구했고, 나와 함께 경찰서에 동행해 고소장을 작성하고 제출했다.

내담자가 다시 쉼터에 입소하자 남편과 시누이, 중개업자가 함께 센터로 찾아왔다. 나 혼자서 세 명을 데리고 분리된 상담실에 내려가 상담을 해야 했는데, 큰 위압감을 느꼈다. 내가 이주민이고 나이가 어려서 무시하지 않을까? 나 혼자서, 어젯밤 내담자를 죽였을 수도 있는 사람과 상담을 해야 하는데, 혹시 나와 내담자에게 무슨 일이 생기지 않을까? 내담자가 원하는 방향으로 상담을 진행할 수 있을까? 이런 갖은 걱정이 앞섰다. 그래도 용기를 내어 조목조목 내담자가 이야기할 수 있도록 조치하고, 시누이나 중개업자가 아닌 남편이 스스로 이야기를 하도록 상담을 이끌어갔다. 결국 나는 변호사와 연계해서 내담자의 이혼을 성사시키고 위자료를 받고 한국 체류까지 가능케 했다. 내담자가 정확한 의사 표현을 할 수 있는 언어로 상담을 진행하면서 내담자가 원하는 욕구에 맞춰 문제를 해결해나갔고, 결과도 만족스러웠기에 나는 더욱 자부심을 느낄 수 있었다.

이후에도 나는 많은 내담자들을 만났고, 입소 면접 상담부터 통역을 시작해, 개인·가족 상담, 진술서 작성, 답변서 작성, 법원 동행, 심리치료 및 상담 등 모든 과정을 함께했다. 그들과 나는 같은 출신국 사람이기에, 또 같은 이주여성이기에 공감대가 빨리 형성될 수 있었다.

나의 이주 경험이 내가 이주여성을 돕는 데 많은 도움이 되었다. 외국에서 왔기 때문에 한국에서 살아가면서 겪은 불편함과 어려움, 가족과의 소통 갈등을 잘 이해하기에 이주여성의 입장에 서서 이해와 공감으로 상담할 수 있었다. 이주여성 당사자가 있는 조직에는 늘 이주여성들이 찾아온다. 편안함을 주기 때문이다. 이곳에 가면 내 이야기를 마음껏 할 수 있는 동지를 만날 수 있다고 해야 할까? 베트남 이주여성 모임도 만들어 월 1회 활동을 하고 있는데 이 모임의 친구들은 어려움을 겪을 때면 나에게 제일 먼저 연락을 한다. 한 친구는 남편과 갈등이 심해서 집을 나가고 싶다고 했다. 나는 그 친구에게 무작정 집을 나가는 것만이 문제를 해결하는 것이 아니라고 이야기해주며 친구와 남편에게 상담을 권했고 그 결과 지금 두 사람은 자녀와 함께 잘 살아가고 있다.

　　2017년 6월 초, 시아버지에게 살해당한 베트남 이주여성이 있었다. 오랫동안 알고 지내던 가까운 사람이 목숨을 잃었다는 소식을 듣고 큰 충격을 받았다. 이 소식을 들은 베트남 이주여성 모임 친구가 제일 먼저 나에게 전화했다. 진상을 파악하기 위해 모임에 참여한 다른 친구에게 알려 피해자와 집이 가까운 친구에게 연락을 취했다. 그 친구가 피해자의 집에 찾아가 상황을 확인했다. 피해자의 남편과 한국에 와 있는 친정 가족에게 연락해 급히 만났다. 매우 슬펐지만 피해자의 가족에게 도움을 주는 것이 더 우선이었다. 센터와 함께 장례식을 치르고, 친정 가족이 유골을 베트남으로 가져갈 수 있도록 대사관을 오가며 도움을 주었다.

우리가 목소리를 낼 때 한국 사회는 변한다

한국에서 이주여성이 활동가로 살아가기 위해서는 선주민보다 더 많은 노력을 해야 하고 그만큼 더 많은 에너지가 필요하다. 또한 단체에서도 여러 사람들과 합을 맞춰야 하는 일인 만큼 활동가로 살아가는 건 쉽지 않은 일이다. 그럼에도 나는 이주여성 인권 활동에 더욱 많은 이주여성들이 참여해야 한다고 생각한다. 내가 이주여성을 위해 활동하면서 이루었던 것들이 내가 이주여성이기에 가능했던 것이 많기 때문이다. 한국으로 이주해 살아왔던 경험들과 자국어로 상담할 수 있는 능력, 자국의 문화·네트워크 자원들은 이주여성 당사자 활동가인 나의 강점이다. 한국어에 능숙해 의사 표현을 충분히 하는 베트남 이주여성들도 어려운 일이 생기거나 정보를 얻기 위해, 혹은 정보를 제공하기 위해 늘 나를 가장 먼저 찾는다. 그 이유는 그들이 같은 이주여성으로서 나에게 동질감을 느끼기 때문이고, 나는 그 동질감을 바탕으로 그들이 원하는 욕구를 정확히 파악할 수 있기 때문이다.

또 하나 중요한 것은 이주여성 스스로 목소리를 내야 그 효과가 강력하기 때문이다. 이는 오랫동안 활동하면서 더욱더 확신하게 되었다. 나 역시 처음에는 인권 활동을 하다가 체류가 불안정해질 수도 있지 않을까 하는 두려움 때문에 당사자 활동가로서 나를 드러내는 일이 쉽지 않았다. 성격도 내성적이어서 강의나 인터뷰 자리에도 쉽사리 나서지 못했다. 그런 나를 활동의 무대로 이끈 건 '당사자들이 자기 문제에 나설 때 가장 강력하다'는 생각 때문이었다. 치열하게 활동하며 성장한 나는 이제 수많은 학교와 공공 기관, 시민단체들을 누비며 적극적으로 목소리를 내는 활동가가 됐다.

물론 이렇게 성장한 데는 내 노력만으로 될 수는 없었을 것이다. 센터에서는 모든 활동가들에게 성장할 기회를 주고 있다. 작은 일이라도 책임을 맡기고 격려해주고 점차 큰 사업들을 맡겨준다. 만약 나를 통번역하는 이주민으로만 보고 보조 업무만 계속 주었다면 나는 지금처럼 다양한 활동을 할 기회조차 없었을지도 모른다. 그 덕분에 나는 성장할 수 있었고 현재는 인종차별 철폐의 날, 세계 일본군 '위안부' 기림일 맞이 촛불문화제, 이주민 차별 철폐의 날, 세계 여성의 날 등 다양하고 큰 무대에서 이주여성을 대표해서 목소리를 내고 있다.

나는 올해 사무국장이 되었다. 법인에서 사무국장은 전국 6개 지부와 부설 기관을 관리하고 조직을 운영하고, 그 안에서 의견을 조율하는 무거운 지책이다. 부담스럽기도 하지만 이주여성 당사자로서 그 책임을 맡게 된 것이 한편으로 뿌듯하기도 하다. 나는 지금 이주여성들을 위한 다양한 프로젝트 사업을 기획하고 총괄하면서 차별과 혐오의 벽을 넘어 이주여성들이 한국에서 당당하게 살아가기 위한 새로운 일들을 만들어가고 있다. 이것은 이주여성 당사자 활동가가 충분히 주체적으로 일을 할 수 있다는 것을 인정받은 것이다. 사실 이주민을 위한 기관과 단체라 하더라도 이주민 당사자는 주체가 되기보다 선주민 활동가를 보조하는 역할을 하거나 통번역의 역할에 국한되는 경우가 많다. 물론 활동가들의 역

량에 따른 차이도 있지만 보이지 않는 유리 천장도 존재하기 때문
이다. 그렇기 때문에 지금 나의 활동들이 이주여성들에게 새로운
도전과 기회가 될 것이라 기대한다.

3 부

그것이
우리의 이야기

속상하다고
굶으면 안 돼요.
얼른 식사하세요

고명숙 | 전 전국이주여성쉼터협의회 회장

쉼터, 이주여성들의 친정 같은 곳

"○○씨~~ 속상하다고 굶으면 안 돼요. 얼른 식사하세요."이 말 한마디에 아이 둘을 데리고 쉼터로 피신한 50대 중국 동포 여성은 울음을 쏟는다. 영문을 모르는 우리는 울음이 그치기를 한참이나 기다려야 했다. 결혼 10년 동안 남편과 시어머니에게 '○○년'이란 욕설을 이름처럼 듣던 그는 자신의 이름을 온전히 불러주니 비로소 안전한 곳에 왔구나 하는 생각과 지난 시절의 학대받았던 일들이 떠올라서 울었다고 담담히 이야기했다.

임신 3개월의 스물두 살 베트남 여성은 항상 얼굴을 찡그리고 성격이 곤두서 있었다. 욕설도 아무렇지 않게 내뱉으니 다른 여성들이 가까이하기를 두려워했다. 쉼터 활동가들의 말을 들을 리도 없었다. 빨리 이혼 소송을 끝내고 베트남으로 보내달라는 말밖에는 하지 않았다. 나도 처음에는 이 여성이 이해되지 않아서 야단을 쳤다. 아이를 가졌으니 그렇게 하면 안 된다는 훈계도 했다. 어느 당직날 밤에 거실에 나와서 울고 있는 여성을 보았다. '저 친구는 지금 얼마나 무서울까. 어린 나이에 결혼을 해서 한국 생활에 적응도 하기 전에 남편의 폭언도 견디기 힘들었는데 생각지도 않게 아이까지 생기니 혼돈스러울 수밖에…… 누구도 믿지 못하는 게 당연하지…… 우릴 뭘 보고 벌써 믿음을 가지겠어……' 이렇게 생각을 하니 이 여성이 안쓰러웠고 고집을 부리는 게 충분히 이해되기 시작했다. 훈계만 하기보다는 여성의 말에 더 귀 기울이게 되니 여성도 점차 변했다. 과일을 깎아서 먼저 우리에게 가져다주고, 같이 TV를 보면서 베트남 음식이 화면에 나오면 맛있겠다고 하는 흘러가는 소리를 놓치지 않고 당장 그 다음날 음식을 만들어주곤 했다. 지금은 남편과 이혼은 했으나 아이 사진도 남편에게 보내면서 서로의 안부를 묻는 등 한국에서 아이와 함께 살기 위해 자립을 준비 중이다.

쉼터라는 공동체 생활은 쉽지 않다. 낯선 이와 같이 방을 사용해야 하고, 언어가 안 통하는 사람들도 많고, 지켜야 할 규칙도 있다보니 어떤 여성들에게는 갑갑하게 느껴질 수도 있다. 그러나 같이 부딪히고 살아가며 같은 아픔을 겪은 사람들끼리 보듬어주고 때로는 아이들을 공동으로 육아하다보면 어떠한 친구나 친척보다도 서로 가까워진다. 그러다보니 이주여성쉼터는 명절이면 더 붐비는 곳이 된다. 명절에 찾아갈 곳이 없어서 쉼터에 머무르는 여성뿐만 아니라 자립을 해서 아이와 함께 사는 여성들도 친정집에 오

연도	평균 보호 인원	연중 입소 인원			연중 퇴소 인원			현원		
		소계	피해자	동반 아동	소계	피해자	동반 아동	소계	피해자	동반 아동
2014	291	1,281	823	458	1,233	800	433	311	189	122
2015	294	1,125	669	456	1,181	709	472	267	154	113
2016	271	1,034	614	420	1,018	613	405	277	152	125

(단위 : 명)

피해자 출신국

연도	합계	중국	베트남	필리핀	몽골	러시아	태국	캄보디아	우즈베키스탄	기타
2014	823	141	384	120	18	7	11	55	35	52
2015	669	118	304	82	13	5	14	61	31	41
2016	614	77	284	89	16	1	10	63	20	54

(단위 : 명)

폭력 피해 이주여성쉼터 입소자 지원 내용

연도	합계	상담	치료·회복 프로그램	의료지원	수사·법적 지원	자립	출국	가해자	동반 자녀 지원
2014	40,245	10,592	11,034	8,160	2,227	1,198	79	1,121	5,743
2015	44,669	11,865	10,875	8,485	2,463	3,528	56	1,334	6,063
2016	49,113	13,429	11,002	8,772	2,693	3,743	47	1,031	8,466

(단위 : 건)   출처: 여성가족부, (더불어민주당 정춘숙 국회의원)

듯이 명절이면 쉼터로 모여든다. 선주민 폭력 피해 여성들은 쉼터
가 아니어도 가족, 친지, 친구라도 손을 내밀 곳이 있지만 이주여
성에게는 그조차도 어렵기 때문이다. 설령 친척이 있다고 해도 그
들이 주거까지는 책임질 수는 없으니 소송이나 사건 진행이 길어
지면 그 집에서 길게는 머무를 수 없게 된다. 그나마 쉼터가 있어

서 아이를 안전하게 키우고, 도움을 받고, 수개월을 같이 생활하다
보니 쉼터가 친정처럼 느껴진다고 한다. 자립해서 힘들 때도 제일
먼저 생각나는 곳이 쉼터라고 말하는 여성들도 많다. 부부 상담을
통해 가정으로 복귀한 여성들의 남편들도 때론 아이 사진을 보내
주면서 근황을 알려주곤 한다.

새 삶을 준비하는 곳

2020년 3월 말 기준 전국에 28개소의 폭력 피해 이주여성을
위한 1차 쉼터가 있다. 표에 나오는 통계에서 보듯이 쉼터는 연평
균 1,000명 이상의 이주여성과 동반 자녀가 이용하며, 다양한 국
가 출신의 이주여성들이 지원 프로그램을 통해 새 삶을 준비한다.

이주여성들에게 '쉼터'라는 곳이 아팠던 곳으로 기억되기보다
는 힘들 때 생각나는 곳, 언제든 찾아가면 빈갑게 맞아주는 곳, 친
정처럼 든든한 배경으로 기억될 수 있도록, 그리고 무엇보다 인간
다운 대우를 받았고 자매애를 나눴던 곳으로 기억될 수 있도록 전
국에 있는 쉼터 활동가들은 노력하고 있다.

전국이주여성쉼터협의회는 전국적으로 폭력 피해 이주여성
쉼터 28개소와 그룹홈 3개소, 자활지원센터 1개소가 참여하고 있
는 협의체이다.

28개의 쉼터는 1차 쉼터의 기능을 하고 있으며, 그룹홈은 1차
쉼터를 경유한 피해 여성에게 주거 지원 및 자립과 자활 기반 마련

을 지원하며, 자활지원센터는 이주여성 자활을 위한 직업 기술 교육 훈련 및 취업 알선 등으로 역할이 분리되어 폭력 피해 이주여성의 경제적 독립 지원을 체계적으로 담당하고 있다.

이주여성쉼터는 가정폭력, 성폭력, 성매매 등 폭력 피해 이주여성 및 동반 자녀가 입소 가능하며 기능을 좀 더 자세히 보면 다음과 같다.

첫째, 숙식 제공

: 입소 기간은 최장 2년 동안 가능하다. 한국 국적을 가지고 있거나 동반 아동(한국 국적을 가지고 있는 아동)과 함께 입소한 경우에는 시·도 보조금의 생계비로 지원하나 그러지 않은 입소 여성의 경우 국고 보조금의 생계비에서 지원하고 있다.

둘째, 심리적 안정을 위한 상담 및 치료

: 폭력 피해 이주여성이 안정을 취할 수 있도록 개별 심리 상담, 집단 상담 등을 진행하며 부부 상담, 가족 상담, 미술 치료 등을 통한 프로그램을 실시한다. 좀 더 전문가의 도움이 필요하다고 판단될 때에는 전문 기관과 연계 및 동행해 심리적 안정을 취하도록 도운다.

셋째, 사회 적응을 위한 프로그램 제공

: 한국어 교육, 의사소통 훈련, 부모 교육 등의 프로그램을 지원해 한국 사회에 적응할 수 있도록 지원한다.

넷째, 동반 아동에 대한 지원

: 직·간접적인 폭력을 겪은 아동의 심리 상담과 보육 및 학습, 취학 및 전학을 지원하고 엄마와의 유대감 강화를 위한 프로그램을 통해 엄마와 건강한 관계를 가질 수 있도록 지원한다.

다섯째, 질병 치료와 건강 관리

: 입소 후 1개월 이내 건강검진을 포함해 폭력으로 인한 치료에 대한 의료 지원과 진단서 발부, 임산부 출산 지원 등의 지원이 이루어진다.

여섯째, 수사 기관의 조사와 법률 지원

: 가해자와 만나는 데 위협을 느끼는 여성들은 수사 기관과 법원에 전문 통역가와 함께 동행하고 필요한 법률 지원도 해준다. 변호사 면담 시에도 전문 통역가와 동행해 여성들이 인권을 제대로 보호받을 수 있도록 지원한다.

일곱째, 통·번역 지원

: 이주여성은 한국의 법과 제도에 대해 모르는 경우가 많고 한국어도 능숙하지 못해 자신이 겪은 상황과 피해를 설명하는 데 어려움을 겪는다. 특히 법률 지원을 받을 때 이주여성의 정확한 진술이 중요한데 이를 위해 피해 이주여성을 위한 각 국가별 언어로 통역과 번역을 지원한다.

여덟째, 체류 연장과 출국 지원

: 입소하는 이주여성의 대부분이 한국 국적이 없기 때문에 불법 체류가 되지 않도록 비자 기간을 잘 살펴 한국에서 합법적으로 체류를 할 수 있도록 서류를 준비하고 관할 출입국관리사무소에 동행한다.

법률적인 절차가 끝났으며 더 이상 체류 연장을 할 수 없고 지불 능력이 없는 이주여성 및 동반 자녀의 편도 항공료를 지원한다.

아홉째, 자립 유도를 위한 각종 교육 지원 및
자립 자활 교육의 실시와 취업 정보 제공

: 자립 자활 교육을 위한 교육비 지원 및 고용센터, 여성새로일하기센터 등을 통해 일자리를 제공받을 수 있도록 동행하고 지원한다. 자활지원센터는 취업 교육을 위해 외부 전문 교육 훈련 기관과 연계하여 교육을 하거나 한국어 교육 등 사회 정착을 위한 재교육을 실시하고 검정고시 등을 준비할수 있도록 지원한다.

이러한 많은 일들이 이주여성쉼터에서 이뤄지고 있는데 한편으로 현재 이주여성쉼터 운영에서 좀 더 보강되어야 할 점도 있다.

첫째, 입소 대상자 확대에 따른 의료비, 생계비 부분의 확대

2018년부터 인도적 차원에서 미등록 여성과 무국적 아동도 쉼터에 입소할 수 있도록 되어 있다. 그러나 오랜 기간 동안 이주여성쉼터의 요구는 운영 규정에만 입소가 가능하다고 되어 있을 뿐이고 그 외에 의료비나 생계비의 증액은 전혀 이루어지지 않고 있다. 특히 미등록 여성과 무국적 아동은 건강보험에 가입되어 있지 않아서 감기 등의 치료에도 금액이 만만치 않다. 특히 미등록 이주여성 중에는 출산을 앞두고 한국 동거남의 변심으로 인해 아무것도 가지지 않은 상태에서 정서적 폭력으로 쉼터에 입소하는 경우가 있는데 보험 적용이 되지 않는 경우의 출산 비용은 꽤나 큰 금액이어서 대부분의 쉼터에서는 자체적으로 여러 통로를 통해 도움을 요청하여 해결하게 된다.

입소 대상만 확대시키는 데 치우치지 말고 실질적인 의료비 지원이 뒤따라야 할 것이다.

둘째, 지적 장애, 정신 질환을 가지고 있는 이주여성의 입소 문제

: 지적 장애, 정신 질환을 가지고 있는 이주여성, 의사 능력이 불완전한 여성은 상담원의 상담 결과 보호자의 입소 동의를 얻는 것이 적절하지 못하다고 인정되는 경우에 입소가 가능하도록 운영 지침에 명시되어 있다. 그러나 이러한 여성들은 폭력성이 나타나면 쉼터라는 공동체 생활이 힘든 경우가 많으며 인도적 차원에서 입소를 하게 되더라도 활동가 한 명이 온전하게 지원해야 하므로 업무가 과중될 수밖에 없고 입소자들 간의 소통 문제, 생활 지도 등에 어려움이 있을 수 있다. 그러므로 정신 질환, 지적 장애인들을 위해 적절한 지원이 수반되어야 한다. 이런 질환을 가진 여성은 국가에서 지원해 치료가 필요한 것이지 이주여성쉼터가 책임질 수 있는 문제가 아니다.

셋째, 그룹홈에서의 사회 적응을 위한 프로그램비 지원

: 사실상 현재 그룹홈은 프로그램 운영비가 전혀 지원되지 않는다. 그러나 1차 쉼터를 짧게 거친 여성의 경우에는 여전히 한국어 교육, 의사소통 훈련 교육, 부모 교육, 심리적 치료 등의 프로그램을 지원해 한국 사회에 적응할 수 있도록 지원하도록 해야 한다. 현재 그룹홈은 모두 자가 부담이나 자원봉사로 프로그램이 운영되고 있다. 이에 대해 국가적 차원에서 실질적인 프로그램 운영비가 지원되어야 한다.

생존자
이주여성들의
이야기

황정미 | 서울대학교 여성연구소 객원연구원

'다문화 시대'의 모순적 틈새

국제결혼, 다문화 가족, 이주여성, 이런 말들은 한국 사람들에게 더 이상 낯설지 않다. 2017년 법무부 통계에 따르면 국내에 머무르는 체류 외국인은 200만 명을 훌쩍 넘어섰으며, 2015년 행정안전자치부 통계에 따르면 외국 출신 주민이 전체 주민등록인구의 3.4퍼센트를 차지하고 있다. 글로벌 시대에 보다 개방적이며 '외국인이 살기 좋은' 사회를 지향하는 것이 정부의 정책 목표이기도 하다. 일상에서도 한국말을 능숙하게 구사하는 외국인과 이주여성들의 이야기는 드라마, 토크쇼, 영화에 자주 등장한다. 겉모습은 얼핏 '글로벌 다문화 트렌드'에 한발 담근 것 같은 대한민국은 과연 다양한 이주민들을 포용하고 함께 공생하는 사회로 얼마나 나아간 것일까?

2008년 다문화가족지원법이 시행된 이후 '다문화'라는 말이 유행어처럼 퍼졌지만, 사실 이주민을 바라보는 한국인의 시선은 다양하게 확대되기보다는 몇 가지 스테레오 타입에서 벗어나지 못하고 있다. '다문화 정책'이라는 이름하에 자국 문화를 일방적으로 강조하는 동화 정책을 실행하는 작금의 혼란스런 현실을 이해하려면 한국을 둘러싼 이주 흐름의 역사적 맥락을 살펴볼 필요가 있다. 한국은 근대 전환기인 19세기 말부터 1980년대 중반에 이르기까지 이른바 이주민 송출국, 사람을 외국으로 내보내는 나라였다. 1988년 서울 올림픽 이후 일부 외국인 노동자들이 들어오기 시작했고, 1992년 한중 수교를 계기로 중국 연변 지역 여성들과의 국제결혼에 대한 관심이 높아졌다. 외국인을 받아들인 경험이 길게 잡아도 30년에 불과하다.

이런 맥락에서 결혼이주여성의 위치는 특별하다. 영구 거주를 전제로 입국하는 취업이민이 원칙적으로 허용되지 않는 한국에서, 한국인의 아내이자 가족으로 정착하여 살아가는 결혼이주여성들은 김현미 교수의 표현대로 '한국 최초의 정주형 이민자'가 된 것이다. 이른바 단일민족 국가이자 이민자 수용의 역사도 짧은 한국이지만 국제결혼은 단기간에 급속히 증가했고 그 정점인 2005년에는 전체 결혼의 13.5퍼센트를 국제결혼이 차지하면서 사회적 주목을 받았다. 며칠간의 맞선 여행으로 결혼을 성사시켜 수익을 얻으려는 국제결혼 중개업체의 악덕 관행, 속성 결혼 이후 벌어지는 문화적 차이와 갈등, 가정폭력과 인권 침해에 대응하기 위해 정부의 다문화가족 지원 정책도 신속하게 체계화되었다. 전국 200여

개에 이르는 다문화가족지원센터, 20여 개소의 이주여성쉼터는, 그 역할과 기능에 대한 평가와는 별개로 이민자의 사회 통합을 지원하는 한국 최초의 서비스 전달 체계라고 할 수 있다.

이처럼 나름대로 신속한 정책 대응은 아마도 선주민 여성을 위한 상담소나 쉼터 등을 법제화했던 정책 경험, 그리고 무엇보다도 여성 인권에 헌신한 시민사회 단체와 여성운동의 역량이 뒷받침되었기 때문에 가능했을 것이다. 유사한 국제결혼 증가 현상을 경험한 일본이나 대만에 비해 신속하고 체계적으로 만들어진 한국의 다문화가족 지원 정책은 해외 전문가들로부터 긍정적인 주목을 받기도 했다. 하지만 이민자, 그것도 개발도상국 출신 여성 이민자라는 소수자들의 생활 안정과 인권을 지원하는 일은 한국적 상황에서 결코 녹록지 않은 일이다.

저출산과 인구 감소에 대한 우려가 높아지기는 했지만 여전히 노동시장의 일자리 부족과 교육 경쟁의 압박이 극심한 상황에서, 외국인을 사회 구성원으로 받아들이는 '사회 통합'보다는 '국경 관리와 통제'의 시각에서 이민자를 바라보는 사람들이 많다. 이민국가의 경험이 부재한 한국에서는 이민자들이 차별이나 인권 침해 없이 새로운 정착지에서 생활할 수 있도록 지원하는 문제보다, 이민자로 인해 어떤 사회적 부작용이나 경제적 피해는 없는지, 체류 관리에 허점이나 불법은 없는지를 따지는 데 우선 관심을 기울이는 것이다. '다문화'라는 용어 자체는 쉽게 수입할 수 있지만, 이민자와 함께 살아가기 위해 어떤 준비, 어떤 변화가 필요한지에 대한 이해와 공감은 단기간에 습득하기 어려운 법이다.

결혼이주여성의 폭력 피해와 인권 문제는 이런 모순적 틈새에 놓여 있다. 글로벌 시대에 국제결혼은 자연스런 현상이며, 결혼이민자들이 한국에서 행복하게 살 수 있도록 함께 지원하자는 통합의 담론이 한편에 있다. 다른 한편에는 엄격한 통제와 관리 담론이 자리 잡고 있다. 결혼이민을 '악용'하는 불법 행위를 관리해야 하므로, 결혼의 진정성을 심문하고 한국인 배우자의 보증을 요구하며 여성 이민자의 '품행 단정'을 검증하는 것이 불가피하다는 주장이다. 이민의 역사가 일천한 한국에서 두 입장 간의 틈새는 매우 크고, 그 사이에서 벌어지는 정책의 공백이나 모순, 불합리한 결과는 이민자 개인의 부담으로 고스란히 돌아온다. 2005년부터 2015년까지 방영됐던 MBC 방송 프로그램 〈러브 인 아시아〉는 결혼이주여성의 가족 이야기를 감동적으로 다뤘다. 그러나 사실 사랑이라는 이름으로 해결되지 않는 문제들이 무수히 많다. 다수의 결혼이주여성들은 가정폭력의 피해자가 되거나 언제 끝날지 모르는 이혼 소송, 막막한 생계 걱정 등 엄혹한 현실에 고통받고 있다.

젠더 폭력의 이중 구조

쉼터에서 생활한 이주여성들의 이야기에서 젠더 폭력의 심각성이 다시금 확인된다. 이들은 선주민 여성들과 마찬가지로 부계 중심적 가족 문화, 남성 중심적 가부장제하에서 폭력 피해에 노출된다. 젠더 평등을 위한 여성운동과 정책의 노력 속에서 우리가 어느 정도 극복했다고 믿었던 가부장적 관습과 통제가 이주여성들의 이야기에서 날것의 모습으로 드러난다. 사례를 보면, 남편과 시집 가족들은 외국에서 온 아내, 며느리의 생활 공간을 가정으로 제한하고 오직 가정 안에서의 노동(부불가사노동)이나 농사일에만 전념하기를 원한다. 그리고 이 노동에 대한 대가는 인정하지 않으려 한다. 이주여성이 독자적인 능력을 갖는 것을 싫어하며 이들이 무력하고 의존적인 상태에 있을 때 그 행동을 통제할 수 있다고 생각하는 것이다. 이러한 통제는 비단 남편에게만 국한되지 않으며, 시부모와 시누이 등 시집 식구들까지 이주여성을 통제하려 든다. 이를 통해 가정 안으로 들어온 인종차별의 심각성을 볼 수 있다. 아내이자 가족임에도 외국인이므로, 그것도 이른바 '돈을 주고 사온' 개도국 출신의 여성이므로 함부로 대해도 된다는 인식이 드러난다. 고향에서 아동기에 납치혼 관습('빳버')의 피해를 입은 여성이 한국에서 혼인 무효 소송을 당한 가슴 아픈 사례도 있다. 출신국의 가부장제와 도착국의 가부장제가 상호 합작함으로써 폭력의 무게가 배가된 것이다. 여성학자들이 분석한 바와 같이 폭력은 단순한 신체적·물리적 폭력에만 그치지 않으며, '여성'이자 '이주자'에게 가해지는 권력의 불균등성이 늘 작용한다. 여성에 대한 젠더 폭력은 남성 중심 질서에 순응하는 여성성을 강요함으로써 불평등한 젠더 관계를 강화하는 효과를 언제나 내포하고 있다.

쉼터 여성들의 경험은 '다문화 가족'에만 국한된 현상이 아니며, 한국 사회에 만연한 가족의 위기와 젠더 폭력 문제를 드러내는 의미 또한 적지 않다. 가족 내의 위계적 가부장제 문화 위에서 외

모와 피부색의 차이, 언어의 차이, 문화의 차이는 약자를 배제하는 폭력을 더 강화시키는 작용을 한다. 이처럼 사적 영역에 은폐된 폭력, 가족 내에서 일어나는 아동 학대나 방기, 여성이나 노약자에 대한 폭력에 대해서는 좀 더 적극적인 공적 관심과 정책적 개입이 필요하며, 이주여성도 예외가 될 수 없다. 더 나아가 국제결혼 과정에서 여성을 대상화, 상품화하는 왜곡된 관행, 온라인 업체들의 여성 이미지 전시나 안티 다문화 커뮤니티 활동에 대해서도 여성에 대한 비하와 혐오에 문제 제기하는 차원에서 재검토가 필요하다.

　　이와 더불어 쉼터 여성들의 경험에서 공통적으로 드러나는 문제는 이주여성의 체류 자격을 한국인 배우자에게 의존하는 구조이다. 이런 상황이 폭력을 강화하고 있다. 개인의 가부장적 가치관이나 가족 문화의 맥락과는 별개로, 정책 자체가 이주여성과 한국인 가족 간의 권력 불균형을 강화하고 있는 것이다. 권력의 위계가 강고해질수록 약자에 대한 강자의 폭력은 손쉽게 행사되기 마련이다. 외국 출신 아내의 어권이나 외국인등록증을 남편이 관리하고, 생활비를 주지 않거나 은행 통장도 만들지 못하게 하는 통제 행위들은 이 책에서 여러 차례 나타난다.

　　제도에 내재하는 젠더 불평등은 결혼이주여성의 끔찍한 가정폭력 피해 사건들을 유발시켰고, 이러한 문제를 개선하기 위해 2004년에는 국적법이 개정된 바 있다. 결혼이주여성이 혼인 파탄의 책임이 없거나 한국인 미성년 자녀를 양육하는 경우 체류 연장과 귀화 신청을 할 수 있게 되었다. 이러한 법 개정은 피해 여성의 권리를 보호하는 데 일정하게 기여하고 있지만, 이주여성의 체류권이나 복지수급권이 한국인 배우자나 자녀의 존재에 의존하는 파생적 권리라는 현실은 바뀌지 않았으며, 여전히 국제적인 인권 기준에 미치지 못하고 있다. 엄격한 외국인 체류 관리 정책을 그대로 유지하면서 결혼이주여성의 인권 침해 사건이 계속 발생하는데도 일종의 타협책으로 '혼인 파탄의 책임' 여부라는 새로운 기준을 도입한 셈이다.

그러나 혼인 파탄의 책임이 없음을 입증하기 위한 서류나 절차들을 강화한다면 이주여성들의 체류권 보장은 더욱 어려운 일이 된다. 여성 인권이라는 원칙에서 본다면 혼인 지위를 이유로 차별하거나 기회를 박탈하는 것은 부당하며, 외국인이라 할지라도 어머니로서의 권리는 마땅히 존중되어야 한다. 이주여성의 체류 자격 심사 기준을 남편이나 시집에 종속시키지 않으면서 이들의 기본적인 인권이나 모성권을 존중하는 합리적인 기준을 마련할 필요가 있다.

피해 생존자, 피스 메이커

쉼터 여성들의 이야기에는 저마다 다양한 경험이 담겨 있다. 낯선 나라로의 이동을 감행한 동기와 도전, 적응과 행복, 폭력 피해와 트라우마, 취업을 위한 노력과 고된 노동 경험, 출입국 심사나 재판 과정에서 겪은 정보 부족이나 언어 소통의 어려움, 불투명한 미래에 대한 걱정과 희망의 의지가 교차하고 있다. 피해자의

'다양한 경험'은 폭력 피해의 현실을 이해하는 데 매우 중요한 열 쇳말이다. 이 책을 통해 독자들이 공감하고 또 새로운 관심과 논의 로 확대되기를 기대하는 바는 세 가지로 요약할 수 있다.

무엇보다 가정폭력 피해자, 그것도 이주여성 피해자를 취약하 고 무력한 존재로 바라보는 고정관념, 즉 단순한 온정주의에서 벗 어나야 한다. 현실의 피해자들은 생존을 위해 다양한 대응을 고민 하고, 어린 아동을 돌보는 책임을 지고 있으며, 때로는 생계나 가 족 부양을 위한 경제활동을 해야 한다. 가정폭력 피해자, 이주여성 피해자라고 하면 이들의 불행에 대한 동정심이 앞서지만, 이들은 피해자로서의 무력감 못지않게 삶의 불안정성을 헤쳐나가야 한다 는 절박한 상황에 직면한다. 한국에서 살 것인가 아니면 고향으로 돌아갈 것인가, 자녀 양육을 스스로 맡을 것인가 아니면 한국 가족 에게 보낼 것인가를 놓고 진퇴양난의 고민을 해야 한다. 그래서 이 책에 소개된 여성들은 피해자인 동시에 자립을 위해 노력하는 생 존자이자 한부모 여성이기도 하다. 한국어를 배우고, 국적 취득을 위해 노력하고, 취업 기회를 찾고, 자녀와 함께 살아갈 보금자리를 마련하기도 한다.

여성들이 안전한 삶을 위협받는 상황에서도 단지 피해를 받 아들이기보다는 나름의 자구책과 행동에 나서는 예는 많다. 여성 들의 수동적 피해보다는 적극적인 대응과 행위성을 강조하는 차 원에서 인권human rights과는 구분되는 인간 안보human security 개념을 젠 더 분석과 연결하려는 시각들을 주목해볼 필요가 있다. 유엔개발 기구UNDP를 비롯한 많은 국제기구와 연구자들은 사회적 갈등 시기에 평화를 위해 자신의 위치에서 저항에 참여하는 여성, 경제적 곤궁과 기근에 시달리면서도 가족을 위해 희생을 감내하는 여성, 감금과 같은 극단적인 상태에서도 공동체에 헌신하는 여성 등의 사례를 강조한다. 한국이주여성인권센터의 한국염 전 대표도 일찍이 국가 안보와는 구분되는 이주민의 인간 안보를 강조한 바 있다.* 엄격한 국경 관리에 치중하는 외국인 정책, 미등록 노동자에 대한 폭력적 단속이 곧 국가 안보를 앞세운 개인 안보에 대한 침해 행위라고 진단했던 것이다. 우리에게 익숙한 안보 개념은 국가의 안녕을 지키기 위한 국방 강화와 국제적 경쟁, 철통 같은 국경 관리 등이다. 하지만 국가 안보의 미명하에 반공 논리로 국민을 양분화하거나 외국인·이민자를 과도하게 적대시하는 경우, 그 부작용은 사회 전반의 민주주의를 후퇴시킨다. 인간 안보 개념은 독점적 국가 폭력에 의존했던 기존의 안보 개념이 외면하기 쉬운 '안전한 삶'의 다른 측면, 즉 시민과 개인의 안전한 일상과 행복 추구의 기회를 중시하는 시각을 가진다.

무엇보다 인간 안보의 시각은 피해자의 취약성보다는, 어려운 상황에 처했는데도 문제 해결을 위해 참여하는 이들의 행위성을 강조한다. 두려움과 결핍, 갈등과 위험 속에서 평화를 만들어가는 피스 메이커peace maker, 곧 평화를 만들고 지켜나가는 여성 주체를 주목한다. 그런데 상황이 극단적일수록 행위성도 더욱 문제적이 될

★ 한국염, 〈다문화 세계의 도전과 공존을 위한 전지구적 접근: 현실·비전·행동〉, 한국국제교류재단, 2013.

수 있다. 여성이 매우 어려운 상황에서 자신의 생존을 위해 때로는 폭력적 수단을 사용해도 되는가라는 딜레마가 제기된다. 다시 말해 여성의 행위성은 폭넓게 젠더화된 사회구조 안에서 억압되거나 제약을 받는다.

이런 이유로 두 번째로 강조할 점은, 피해자에 대한 보호와 치유도 필요하지만 피해 생존자들이 자신의 삶을 개선하기 위해 좋은 선택을 할 수 있는 정책적 사회적 환경을 제공하는 일의 중요성이다. 사실 기존 쉼터들은 상처를 치유하고 안전한 주거 공간을 한시적으로 제공하는 역할을 해왔지만, 피해 여성들의 자립을 위한 지원은 여전히 많은 과제가 남아 있다. 이주여성의 자립 지원에 대해 한국 사회는 여전히 미온적이다. 피해 여성들은 남편과의 재결합, 고향으로 귀국, 이혼 후 자립 등 다양한 선택을 할 수 있지만, 이후의 삶에 대해 스스로 생각하고 개선 방안을 찾기 위한 합리적인 기회가 제공되어야 한다. 자활을 위한 노력, 직업 교육, 취업 지원 등 다양한 정책 지원들이 확대될 때, 이주여성들은 자신이 속한 가족이나 공동체의 삶을 개선하는 피스 메이커가 될 수 있다.

마지막으로, 이주여성이나 소수자의 삶의 이야기에 귀를 기울이고 또 대화를 나누는 소통의 중요성을 강조하고 싶다. 소수자들의 어려움은 자신의 경험을 온전히 드러내고 말할 수 있는 언어를 찾기 어려울 때 가장 커진다. 쉼터 여성들 또한 이주민이자 여성이라는 이중적 소수자로서 스스로 말하는 데 어려움을 겪으며, 때로는 침묵을 강요받고 때로는 오해에서 벗어나지 못한다. 어떤 어머니는 자녀와 함께 살기 위해 최선을 다했지만 '어머니로서 태도가 좋지 않다'는 이유로 양육권을 빼앗긴다. 또 다른 여성은 자신을 쫓아낸 시어머니가 '며느리가 도망쳤다'고 진술서를 쓰는 바람에 국적 취득을 거부당했다. 고향의 아픈 어머니에게 병원비를 보내기 위해 일을 하고 싶어 하는 마음은 그저 '돈 벌기 위해 한국에 들어온' 나쁜 심사로 치부되기 일쑤다. 자주 편견과 오해로 덧칠되었던 이주여성들의 경험이 쉼터를 찾아간 한국이주여성인권센터 활동가 및 연구자들과의 대화를 통해 비로소 삶의 이야기로 가시화될 수 있었던 것이다.

나아가 이주여성 활동가들의 성장 스토리는 서로의 삶에 귀 기울이고 함께 목소리를 만들어가는 노력이 소중하다는 것을 잘 보여준다. 사실 선주민 활동가나 연구자들도 그동안 몸담고 살아온 한국 문화에 익숙해져 있기 마련이며, 이주여성 출신국의 상황이나 언어도 잘 모르기 때문에 이들의 삶의 디테일들을 잘 이해하기 어려울 때도 많다. 이주여성에게 다가서는 선주민 여성 활동가들의 노력이 다시금 이주여성이 활동가로 성장할 수 있는 토양을 만들고, 이주 배경의 여성 활동가들은 선배 이주민으로서 지원 활동의 지평을 넓혀갈 수 있다. 이러한 과정은 그 자체로 소중한 경험이자 미래의 자산이 될 것이다. 이들이 다시금 한국 여성운동이나 여성정책과 함께 호흡함으로써 우리 사회의 여성 인권에 대한 이해를 확대하는 데 기여할 수 있기를 기대한다. 서로에게 귀를 기울이고 소수자의 언어를 가다듬어가는 소통이야말로 이주여성을 포함한 모든 여성과 소수자들의 인권을 두텁게 뒷받침하고 인간안보를 확대하는 출발점이자 에너지원이라고 믿는다.

한국이주여성인권센터는

이주여성이 한국 사회 구성원으로서 인간의 기본 권리를 보장받고 당당히 설 수 있도록 돕는 비영리 민간단체이다. 2001년에 한국 최초의 이주여성쉼터인 '여성이주노동자의 집'으로 출발했다. 2005년 한국이주여성인권센터로 명칭을 변경했으며, 현재 전국 5개 지부, 6개 이주여성쉼터와 3개 이주여성상담소를 운영하고 있다.

한국이주여성인권센터는 폭력과 차별로부터 이주여성의 인권을 보호한다. 이주여성 스스로가 문제 해결 주체가 되어 또 다른 이주여성을 도울 수 있도록 교육과 역량 강화의 기회를 제공한다. 이주여성이 평등하게 살 수 있도록 정부 정책을 모니터링하고 정책을 연구, 개발, 제안해 변화를 이끈다.

홈페이지 : www.wmigrant.org
주소 : 03112) 서울시 종로65길 27-1(숭인동) 코콤빌딩 2층
이메일 : wmigrant@wmigrant.org
전화 : 02-3672-8988
Fax : 02-3672-8990

부설 이주여성상담소

- **서울이주여성상담센터**
  전화: 02-733-0120/02-3672-7559
  위치: 서울 종로구 종로38 서울글로벌센터빌딩 4층

- **충북폭력피해이주여성상담소**
  전화: 043-223-5253
  위치: 충북 청주시 상당구 상당로26번길 15-2 한정빌딩 4층

- **전남폭력피해이주여성상담소**
  전화: 061-282-1562
  위치: 전남 목포시 당가두로 22-1 2층

한국이주여성인권센터 지부

- **[경남지부] 경남이주여성인권센터**
  전화: 055-741-6355
  위치: 경남 진주시 진주성로 39 2층(인사동 5-11)

- **[부산지부] 부산이주여성인권센터**
  전화: 051-864-2603
  위치: 부산시 동래구 연안로 59번길 99 3층(안락2동 628-52)

- **[전남지부] 전남이주여성인권센터**
  전화: 061-272-1562
  위치: 전남 목포시 당가두로 22-1 2층

- **[전북지부] 전북이주여성인권센터**
  전화: 063-227-2990
  위치: 전라북도 전주시 완산구 인정2길 12-4(중화산동 2가 589-2)

- **[충북지부] 충북이주여성인권센터**
  전화: 043-223-5254
  위치: 충북 청주시 상당구 상당로26번길 15-2 한정빌딩 4층

아무도 몰랐던 이야기

초판 1쇄 펴낸날	2018년 5월 18일
초판 2쇄 펴낸날	2020년 4월 10일
엮은이	한국이주여성인권센터
펴낸이	박재영
편집	이정신·임세현
마케팅	김민수
디자인	조하늘
제작	제이오
펴낸곳	도서출판 오월의봄
주소	경기도 파주시 회동길 363-15 201호
등록	제406-2010-000111호
전화	070-7704-2131
팩스	0505-300-0518
이메일	maybook05@naver.com
트위터	@oohbom
블로그	blog.naver.com/maybook05
페이스북	facebook.com/maybook05
인스타그램	instagram.com/maybooks_05

ISBN 979-11-87373-35-3 03330

이 도서의 국립중앙도서관 출판시도서목록(CIP)은 e-CIP홈페이지(http://nl.go.kr/ecip)와
국가자료공동목록시스템(http://www.nl.go.kr/kolisnet)에서 이용하실 수 있습니다.
(CIP 제어번호 : CIP2018013353)

책값은 뒤표지에 있습니다. 잘못된 책은 바꾸어 드립니다.
이 책은 '아름다운재단 2017년 변화의 시나리오' 지원으로 제작되었습니다.

만든 사람들

책임편집	강혜란
디자인	조하늘